El Esperma del Diablo
LO SEXUAL NO QUITA LO RELIGIOSO NI LO ESPIRITUAL

WILBERT CORPEÑO MEDRANO

Reservados todos los derechos. No se permite la reproducción total o parcial de esta obra, ni su incorporación a un sistema informático, ni su transmisión en cualquier forma o por cualquier medio (electrónico, mecánico, fotocopia, grabación u otros) sin autorización previa y por escrito de los titulares del copyright. La infracción de dichos derechos puede constituir un delito contra la propiedad intelectual.

El contenido de esta obra es responsabilidad del autor y no refleja necesariamente las opiniones de la casa editora. Todos los textos e imágenes fueron proporcionados por el autor, quien es el único responsable sobre los derechos de los mismos.

Publicado por Ibukku
www.ibukku.com
Diseño y maquetación: Índigo Estudio Gráfico
Copyright © 2020 Wilbert Corpeño Medrano
ISBN Paperback: 978-1-64086-799-4
ISBN eBook: 978-1-64086-800-7

Índice

Dedicación	5
Introducción	7
Capítulo 1 Lo sexual no quita lo religioso ni lo espiritual	9
Capítulo 2 El sexo y su final feliz	15
Capítulo 3 Las tres áreas vulnerables por donde el diablo ataca y destruye	21
Capítulo 4 Los castigos de Dios en el huerto del Edén	27
Capítulo 5 Adán fue creado sin deseo sexual	29
Capítulo 6 El hombre más feliz del mundo	33
Capítulo 7 Eva, ¿la versión mejorada de Adán?	37
Capítulo 8 Dios los casó y los mandó a tener hijos	41
Capítulo 9 El fruto que no se podía tocar ni comer	45
Capítulo 10 El plan diabólico de Satanás	51
Capítulo 11 La bella Eva y la bestia	55
Capítulo 12 La noche en que Eva comió del fruto prohibido	63
Capítulo 13 Y tu deseo será para tu marido	69
Capítulo 14 Dios les quitó el deseo, pero no las ganas	73

Capítulo 15
¿Cómo hizo Dios para quitarle el deseo sexual a Eva?   79

Capítulo 16
El doloroso castigo de parir los hijos con dolor   83

Capítulo 17
Y él se enseñoreará de ti   87

Capítulo 18
El día que Adán culpó a Dios   95

Capítulo 19
Pruebas escriturales que demuestran que Caín no era hijo de Adán   99

Capítulo 20
Dios lo castigó por dejarse mandar y por descuidar a Eva   105

Capítulo 21
El castigo de trabajar por el pan de cada día   113

Capítulo 22
Los cuatro castigos que la serpiente recibió   121

Capítulo 23
La gran tragedia del huerto del Edén   127

Capítulo 24
Un virus llamado esperma   133

Capítulo 25
Y colorín colorado …
…***el esperma del diablo*** ha terminado   141

Dedicación

Dedico este libro con toda mi alma y mi corazón a María, la madre de Jesús, por haber tenido la valentía de aceptar ser la escogida de Dios para que a través de ella naciera el Mesías, nuestro Señor y Salvador, porque la verdad, ella pudo haber dicho que no a la propuesta de Dios.

Introducción

El esperma del diablo es un interesante libro que saca a la luz muchos misterios profundos acerca de las relaciones sexuales y socioconductuales que rigen y han regido al matrimonio desde Adán y Eva hasta el día de hoy.

Los misterios que usted va a conocer a través de este libro son un verdadero tesoro, porque el saberlos le van a hacer comprender mejor por qué la mujer y el hombre se comportan de una manera tan distinta dentro del matrimonio, sobre todo en la parte sexual. Todas estas formas distintas de conducta de cada uno de los conyugues son el resultado de los castigos que Adán y Eva recibieron allá en el huerto del Edén. El desconocer estos castigos y lo que es peor, ignorar las razones específicas por las que Adán y Eva fueron castigados, impiden a los cónyuges vivir el matrimonio con más entendimiento, y es esta falta de conocimiento lo que ha hecho que el matrimonio, sobre todo en los últimos años, se haya transformado en una relación muy frágil y muy fácil de quebrarse o disolverse; esta fragilidad ha causado que los divorcios hayan llegado hasta el punto de convertirse prácticamente en una pandemia que, si bien es cierto no mata a nadie, sí daña, deteriora y destruye la familia y la sociedad en que vivimos.

El esperma del diablo tiene dos grandes propósitos: El primero es evitar la mayor cantidad de divorcios en el mundo; para ello el libro explica detalladamente cómo el diablo opera, sobre todo en el área sexual para hacerle daño a los cónyuges. El segundo propósito es el de proveerles a los matrimonios una dosis de sabiduría bíblica lo suficientemente fuerte, para que sus relaciones sexuales sean más libres y placenteras; para lograr esto, el libro pretende eliminar de la mente de los religiosos la errónea idea de que el sexo quita, afecta, inhabilita, obstaculiza o impide a los cónyuges llevar una relación espiritual íntima con Dios.

No está de más decir que *El esperma del diablo* no solamente es un libro para leer, sino también es un libro para estudiar y meditar minuciosamente su contenido. Deseo con todo mi corazón que usted lo disfrute, así como yo disfruté escribirlo; pero lo que más anhelo con toda mi alma, es que le sea de mucha ayuda en su matrimonio.

Capítulo 1
Lo sexual no quita lo religioso ni lo espiritual

¿Se ha preguntado alguna vez por qué en muchas iglesias no se predica de sexo? Alguien me dijo que la razón principal es porque la palabra "sexo" solamente aparece dos veces en la Biblia, por lo tanto, a los predicadores y ministros se les hace muy difícil preparar un sermón al respecto. Aunque esta parezca una muy buena razón, no me parece una excelente justificación. De todas maneras, cualquiera que sea el motivo, me parece que la falta de atención al tema sexual en las iglesias ha colaborado considerablemente para que muchos matrimonios terminen en divorcios o pasen toda su vida peleando y discutiendo principalmente sobre asuntos sexuales. Por un lado, el esposo vive reclamando que el sexo es muy poco y por el otro lado, la esposa vive quejándose de que el sexo es demasiado, que su esposo es un enfermo sexual ya que solamente en eso anda pensando. Todo este dilema es producto del poco o nada de conocimiento de cómo funciona la sexualidad en ambos sexos. Todas las diferencias sexuales entre el hombre y la mujer tienen una razón y un porqué, y el desconocerlas genera conflictos que muchos de ellos lamentablemente terminan con la relación matrimonial.

Al punto que quiero llegar es al siguiente: Debido a que se predica muy poco del tema sexual en las iglesias, muchos religiosos han cometido el gravísimo error de darle al acto sexual un matiz pecaminoso e impuro que pone de manifiesto la carnalidad de una persona. Lo más grave de toda esta mala conceptualización, es el hecho de que en muchas iglesias creen a ojos cerrados que el sexo es algo que debe de limitarse o evitarse cuando nos acercamos a Dios en intimidad espiritual. De dónde han sacado esta idea no lo sé, porque en la Biblia no existe ni un solo versículo que sostenga tal creencia o afirmación.

El sexo es más un acto espiritual que carnal

Si el sexo fuera un problema o un impedimento para la espiritualidad, el rey David jamás hubiera podido acercarse a Dios ni Dios a él, debido a que David tenía por lo menos diez concubinas y ocho esposas; esto significa que era una persona sexualmente muy ocupada y se ve que este factor no fue algo que afectara para nada su espiritualidad o su religiosidad. No con esto estoy diciendo que para ser espiritual como el rey David es necesario tener varias esposas o más de una mujer, de ninguna manera; al punto que quiero llegar es que el sexo no fue para el rey David un impedimento para ser una persona espiritual o para acercarse en intimidad a Dios.

Es importante destacar el hecho de que, aun cuando el rey David probablemente no pasaba un día sin hacer el sexo, esto no fue un obstáculo para que Dios lo usara hasta para escribir muchos de los Salmos que hasta el día de hoy nos ayudan a crecer espiritualmente. Sin temor a ser crucificado por los santulones, religiosos y legalistas, me atrevería a decir que el sexo es más espiritual de lo que realmente creemos; lamentablemente, el mundo religioso lo ha categorizado como un acto puramente carnal que en lugar de ayudar, puede afectar negativamente nuestra relación espiritual con Dios; lo cual es totalmente falso.

San Pablo exhorta a la iglesia a no evitar las relaciones sexuales

El erróneo concepto en las iglesias acerca del sexo no es algo nuevo, ya el apóstol Pablo batallaba con este mismo problema en las iglesias de Corinto. Muchos de sus miembros estaban cometiendo el gravísimo error de someter a su cónyuge a cuarentenas sexuales como práctica religiosa para, según ellos, ser más puros y santos ante Dios. Para solucionar este problema, san Pablo aconsejó a los matrimonios a que no se negaran el sexo el uno al otro por ningún motivo o excusa, porque el diablo podía tentarlos por ahí y hacerlos caer en adulterio o fornicación. Textualmente, el consejo que el apóstol Pablo les da es el siguiente:

"No os neguéis el uno al otro, a no ser por algún tiempo de mutuo consentimiento, para ocuparos sosegadamente en la oración; y volved a juntaros en uno, para que no os tiente satanás a causa de vuestra incontinencia". (1 Corintos 7:5)

La versión bíblica *Nueva Traducción Viviente* (NTV) lo dice un poco más explicado y entendible:

"No se priven el uno al otro de tener relaciones sexuales, a menos que los dos estén de acuerdo en abstenerse de la intimidad sexual por un tiempo limitado para entregarse más de lleno a la oración. Después deberán volverse a juntar, a fin de que satanás no pueda tentarlos por la falta de control propio". (1 Corintios 7:5)

Como puede observar, el punto central de la exhortación del apóstol Pablo no es acerca de la oración, sino acerca de las relaciones sexuales; es por eso que su consejo comienza diciendo: "No os neguéis el uno al otro" o "no se priven el uno al otro de tener relaciones sexuales".La escritura anterior también pone de manifiesto la preocupación de Pablo por el problema sexual que la iglesia estaba pasando y para darle una solución, les aconseja que la única razón justificada para abstenerse o evitar las relaciones, era para dedicarse seriamente a la oración, pero siempre y cuando cumplieran los siguientes requisitos: Que el otro cónyuge estuviera de acuerdo; que el tiempo o periodo de abstención o de oración no fuera largo o prolongado y que terminando de orar, inmediatamente se juntaran para tener sexo para no darle lugar a las tentaciones sexuales del diablo. Si se cumplían todas estas condiciones no había ningún problema en privarse de sexo por motivos de oración. Es evidente que san Pablo sabía que, con todas estas condiciones, no usarían cualquier acto religioso o cualquier tipo de oración como excusa para someter al cónyuge a abstinencia sexual.

Con la oración sosegada como única condición para no tener sexo, san Pablo se las puso muy difícil, dado que este tipo de oración no muchos ni muchas estarían dispuestos a hacerla por lo cansado y sacrificado que es pasar continua y silenciosamente de rodillas largos periodos de tiempo; en este sentido, si decidieran hacer este tipo de oración, sería verdaderamente por razones o motivos importantes por los que verdaderamente valdría la pena aguantarse las ganas de sexo; no semanas ni días, sino algunas horas.

Definitivamente la exhortación del apóstol Pablo a los Corintios le puso un "hasta aquí" a los problemas de discusión, adulterio y fornicación causados por la abstinencia sexual entre los cónyuges.

El problema sexual todavía continúa en las iglesias

Lamentablemente hasta el día de hoy, muchas iglesias ignoran por completo el consejo de san Pablo y continúan practicando la abstinencia sexual como condición para dedicarse o participar en sus actividades religiosas o espirituales tales como: los ayunos, las vigilias, la comunión o Santa Cena, la predicación, la participación en rituales y eventos religiosos, etc., etc., etc. Esto significa que se sigue cometiendo el mismo error de continencia sexual que se cometía en las iglesias del Señor del primer siglo; podría decirse que de muy poco o nada ha servido el consejo sexual que san Pablo le dio a las iglesias.

Por la salud y el bienestar de sus matrimonios les recomiendo que atiendan la exhortación del apóstol Pablo, porque aguantarse las ganas sexuales no es para nada una práctica provechosa ni beneficiosa para el crecimiento espiritual; por el contrario, la abstinencia es una excusa que el diablo astutamente usa para hacer que los cónyuges caigan en pecados sexuales.

Espero que con todo lo expuesto hasta el momento estemos de acuerdo en que el sexo no le quita a nadie ni lo religioso, ni lo espiritual. El que estemos de acuerdo me será de mucha ayuda para que usted pueda asimilar con toda libertad y menos tabús los siguientes capítulos, los cuales muchos de ellos están bastante cargados de contenido sexual, cuya única intención de abordarlos y exponerlos es para ayudar a corregir problemas sexuales conyugales, los cuales lastimosamente muchos de ellos terminan en separaciones o divorcios.

Capítulo 2
El sexo y su final feliz

El día que Dios instituyó el matrimonio con Adán y Eva, les dijo lo siguiente:

"Y los bendijo Dios, y les dijo: Fructificad y multiplicaos; llenad la tierra, y sojuzgadla, señoread en los peces del mar, en las aves de los cielos, y en todas las bestias que se mueven sobre la tierra". (Génesis 1:28)

Como puede observar, lo primero que Dios les mandó a hacer a Adán y Eva cuando los creó fue a multiplicarse, es decir, a tener hijos. Para que ellos pudieran obedecer este mandato con excelencia y diligencia, Dios les dio tres obsequios; estos regalos matrimoniales, por así decirlo, les ayudarían toda la vida a realizar sin ningún problema esa importante labor. Esos tres regalos que Adán y Eva recibieron son las siguientes:

El sexo

Aunque Adán y Eva no tenían ni la más mínima idea de cómo hacer uso de este maravilloso regalo, estoy seguro de que aprendieron rápidamente observando con atención cómo lo hacían los animales como el burro, el león, las aves y otros animales del campo. Pienso que no fue necesario una explicación detallada al respecto, sobre todo porque Dios no les puso ni una sola prohibición que les restringiera o reprimiera el sexo; es decir, Dios les dio el dominio total para que hicieran como quisieran con la relación sexual, y para asegurarse que Adán y

Eva obedecieran diligentemente el mandamiento de la reproducción, les tenía un regalo sorpresa, el cual haría que no se quisieran despegar ni por un instante. Este regalo fue que Dios le puso a la relación sexual el maravilloso, exquisito y delicioso final feliz.

El final feliz

¿Se ha preguntado alguna vez cómo sería el sexo sin el éxtasis final? Es decir, sin ese placentero, delicioso y explosivo final feliz. Ni siquiera quiero imaginármelo. Sería como jugar al fútbol con una pelota desinflada. En realidad, el sexo sería un acto poco interesante y sin mucha emoción, quizá esperaríamos hasta el aniversario de bodas para volverlo a hacer. Pero gracias a este grandioso regalo de Dios, los matrimonios nos sentimos más que motivados a volvernos a juntar en uno sin esperar fiestas, ni lunas. Es gracias a este final feliz que el sexo tiene sentido y emoción. Pero esto no es todo, Dios tenía un regalo más para Adán y Eva; este otro regalo haría que el sexo no solamente fuera sabroso, emocionante y tuviera sentido, sino que también el sexo fuera entretenido y divertido. Este regalo es la libertad sexual en la relación sexual.

La libertad sexual en la relación sexual

Uno de los regalos matrimoniales más preciosos que Dios le dio a Adán y Eva el día que los bendijo fue el hecho de que no les puso ni la más mínima legislación que les restringiera o les reglamentara el acto sexual; esto significa que les dejó el total dominio y autoridad de hacer el sexo como quisieran, donde quisieran y cuantas veces quisieran. Esto quiere decir que le dio a los matrimonios la libertad de decidir si hacer del sexo un acto simple, monótono y aburrido, o hacer de él la experiencia más extravagante, entretenida y divertida. Se podría decir que Dios le dejó a los matrimonios libre albedrío con respecto al sexo.

Si Dios no les puso leyes ni reglas ni restricciones ni limitaciones a las relaciones sexuales, no entiendo por qué muchos matrimonios aún mantienen al sexo enjaulado o amarrado, poniéndole prohibiciones que no existen y que lo único que hacen es crear sentimiento de culpa cuando los cónyuges ocasionalmente se toman algunas libertadas sexuales porque ellos creen que no está bien tomárselas. La realidad es que en la Biblia no hay ni un solo versículo que prohíba o reglamente la relación sexual en ninguna de sus formas, lo único que Dios exige para tener derecho a disfrutar de todos los regalos matrimoniales es que el sexo sea entre un hombre y una mujer y que estos estén legítimamente casados, de lo contrario, el sexo sí es pecado y prohibido en todas sus formas.

Para los matrimonios que todavía sufren de ataduras sexuales, les aconsejo que se pongan de acuerdo para dar lo que yo llamo "pasitos de amor". Estos pasitos de amor no son más que pequeños pasos sexuales que les van a ayudar a irse soltando poco a poco de todas esas amarraduras sexuales que lo único que hacen es impedir la plenitud del gozo sexual, y esto definitivamente daña el matrimonio. Son estas ataduras las que le roban a las relaciones sexuales su máximo deleite y satisfacción, su máxima alegría, su máxima diversión y su máxima libertad de expresión sexual. Todas estas máximas en el sexo de ninguna manera son condenadas o censuradas por Dios y si no prohíbe nada, es porque quiere que aprovechemos al máximo de cada uno de sus preciosos y maravillosos regalos.

La regla sexual de oro

Es importante recalcar que los pasitos sexuales de amor son muy esenciales e importantes, especialmente cuando el matrimonio llega a sus años añejos; es en esos años cuando es más que necesario que los esposos sean, antes, durante y después de la relación sexual, aun muchísimo más románticos, tiernos y cariñosos con sus esposas, porque solamente tratándolas así ellas florecen en belleza y amor. Las esposas a su vez tienen que ser aun muchísimo más apasionadas, atrevidas y creativas sexualmente con los esposos, porque a ellos con el paso de los años se les hace más difícil y complicado responder sexualmente con el mismo vigor, la misma fuerza y la misma energía de la juventud; en ese sentido, es necesario que las esposas les echen siempre una manita de ayuda para que ellos puedan sexualmente responder con efectividad a las expectativas sexuales de la esposa y también para que la relación sexual no baje de intensidad.

Es importante que todo matrimonio entienda claramente lo siguiente: Que la clave del éxito a la hora del sexo no está solamente en hacer o en dar a nuestro cónyuge lo mejor de nosotros, sino también está en tener la extraordinaria capacidad de permitir apasionadamente y sin censura todo, absolutamente todo lo que nuestro cónyuge tiene también para nosotros; es decir, ser excelentes tanto para dar sexo, como también para recibirlo. Digo esto porque con mucha frecuencia se da el caso que solamente uno de los cónyuges decide todas las reglas a la hora del sexo, como si el otro no tuviera derecho a expresarse sexualmente con la misma libertad y creatividad, y eso no debe de ser así en absoluto, ya que por mandamiento de Dios ambos tienen el mismo derecho de expresión en el sexo. Si esta regla de oro en el sexo la cumplen ambos cónyuges al pie de la letra, yo le garantizo que no hay puerta del infierno ni diablo que pueda contra el matrimonio, por lo menos no en la parte sexual.

La potestad sexual del uno sobre el otro

Fue tanta la libertad que Dios le dio a la relación sexual que no quiso que ninguno de los cónyuges tuviera potestad o autoridad sexual de su propio cuerpo, sino que quiso que el otro cónyuge la tuviera; es decir, Dios quiso que cada uno de los cónyuges dispusiera sexualmente del cuerpo del otro y que el otro cediera de buena voluntad a cualquier petición sexual sin poner oposición u objeción alguna. La escritura bíblica que respalda esta afirmación es la siguiente:

"El marido cumpla con la mujer el deber conyugal, y asimismo la mujer con el marido. La mujer no tiene potestad sobre su propio cuerpo, sino el marido; ni tampoco tiene el marido potestad sobre su propio cuerpo, sino la mujer." (1 Corintios 7:3-4)

No cabe duda que la escritura anterior deja bien claro que Dios no quiere que el derecho a tener sexo y el cómo hacerlo esté en la voluntad propia de cada cónyuge, ya que este derecho lo dejó a decisión o solicitud del otro cónyuge; es decir, Dios le quitó a cada cónyuge la potestad sexual de su propio cuerpo porque sabía que si estas decisiones las dejaba bajo la autoridad propia de cada uno, el sexo sería un verdadero conflicto, ya que no habría ninguna obligación sexual de ninguna de las dos partes para satisfacer las ganas o las peticiones sexuales del otro. Es importante entender y reconocer que este derecho a disponer del cuerpo del otro es tanto para el esposo como para la esposa, digo esto porque hay muchos esposos que piensan que las esposas no tienen derecho a pedir antojitos sexuales a sus amados esposos, muchas de ellas hasta sienten temor y vergüenza de inventar a la hora del acto sexual. La realidad es que ellas no solamente tienen el derecho de pedir y de ser complacidas, sino también tienen la autoridad de exigir a sus esposos que les cumplan sus antojos sexuales como a ellas les gusta. Cada cónyuge tiene el derecho y la potestad de disponer sexualmente del otro, y el otro está obligado a dejarse disponer sin poner oposición alguna. Esta disposición sexual para el cónyuge no es una opción, sino, como dice la escritura bíblica, es un deber conyugal; es decir, es una obligación que hay que cumplir a cabalidad, no a veces o de vez en cuando, sino siempre.

El libre albedrío en el sexo

Ningún esposo o esposa debe de sentirse culpable o indigno ante Dios por haberse tomado alguna vez libertades atrevidas en sus relaciones sexuales. La verdad es que no existe nada malo en hacer uso de tal libertad, ya que dentro del matrimonio no existe el pecado sexual, debido a que Dios les dejó a los matrimonios el libre albedrío para que hicieran con el sexo lo que quisieran y como quisieran, ya sea que éste fuera con fines de satisfacción, deleite y diversión o para solamente reproducción. Cualquiera que fuera el caso, de todas maneras Dios les dio a los cónyuges plena y total libertad para que se dieran los gustos que quisieran con el sexo. Cabe hacer la aclaración que el libre albedrío en el sexo es un derecho otorgado por Dios solamente para los matrimonios entre un hombre y una mujer. Fuera del matrimonio de Dios, hasta el beso más decente puede llegar a ser pecado.

Capítulo 3
Las tres áreas vulnerables por donde el diablo ataca y destruye

Si existe alguien verdaderamente interesado en atacar y destruir matrimonios, ese es el diablo. No cabe ninguna duda que su odio y repudio por los matrimonios es evidente y real. Su mal sentir y odio por los matrimonios comenzó exactamente el día cuando Dios bendijo a Adán y Eva como unidad matrimonial. Su guerra comenzó con ellos y desde entonces no ha parado de atacar y destruir las relaciones matrimoniales. La razón por la que lo hace es simplemente porque es un ser malo, celoso, egoísta y envidioso. Lamentablemente conoce perfectamente las áreas frágiles tanto del hombre como de la mujer, y es por ahí por donde dirige sus ataques para causarles daño.

Las áreas débiles o vulnerables por donde generalmente el diablo pone sus trampas para dañar, engañar y destruir a los matrimonios son: Los ojos, los oídos y el dinero. A continuación, explicaré detalladamente cómo lo hace.

El estímulo sexual a los hombres les entra por los ojos

Sexualmente el hombre y la mujer son totalmente diferentes. A los hombres el apetito sexual les entra por los ojos; es decir, a ellos tan solo les basta ver la silueta de una mujer para estimular su instinto sexual. Si ya de por sí el hombre trae ganas todo el tiempo, ahora imagínese lo que le sucede cuando ve a una mujer medio vestida o provocativa. Pues bien, esta desventaja, por así decirlo, es muy aprovechada por el diablo en el sentido de que, para tentar al hombre y hacerlo caer en adulterio o fornicación, ya sea de hecho o de pensamiento, le basta ponerle al frente a una mujer sensualmente vestida. Con esta trampa, la intención del diablo es que el hombre desvíe su atención y su pensamiento para que tarde o temprano caiga en pecado sexual.

En estos últimos años el bombardeo del diablo se ha intensificado mucho más debido a las modas femeninas, las cuales incitan a las mujeres a que se vistan cada vez con menos ropa o a que se vistan con ropas ajustadas o apretadas a sus cuerpos. Lo más grave de todo esto es que ni el hombre ni la mujer se han dado cuenta de que esta estrategia es una carnada del diablo para hacerle daño principalmente a los hombres casados. Mi consejo para resistir estos ataques del diablo es que las esposas comprendan que los esposos, cuando vienen de la calle o del trabajo, llegan sexualmente casi electrocutados y lo que menos quieren es comer, hablar o irse a dormir, por lo que les aconsejo a las esposas a que mejoren su puntería y se ocupen más que cualquier otra cosa de darle prioridad a la urgente necesidad sexual de sus esposos cada vez que se requiera o sea necesario. Si lo hacen, yo les garantizo que se van a ahorrar mil problemas y sus matrimonios van a mejorar significativamente por el hecho de estar alertas, pero sobre todo, por estar dispuestas sexualmente en el momento correcto, necesario y requerido. Es importante que las esposas comprendan que las mujeres que desfilan semidesnudas por las calles y en los puestos de trabajos son una tortura constante para los esposos y que en un momento dado esta tortura puede llegar a convertirse en un peligro de tentación real. Esposas, esto no es broma, no permitan que sus esposos sufran quemaduras por altas temperaturas, es necesario que estén pendientes y no bajen la guardia por ningún motivo; ustedes muy bien saben a lo que me refiero.

El estímulo sexual a las mujeres les entra por el oído

A diferencia del hombre, que con solamente ver la sombra de una mujer se pone sexualmente eléctrico, la mujer no es así. A ellas casi hay que hipnotizarlas para que digan que si al sexo. Esto se debe a que ellas se activan sexualmente a través del oído. A la mujer no le llama para nada la atención ver a un hombre en calzoncillos ni le quita el sueño, pero que alguien le hable cosas bonitas de amor, ahí la cosa cambia; a muchas hasta se les olvida que son casadas y cuando vienen a reaccionar ya han caído en la trampa, todo por prestarle oído a un hombre que no es su marido.

El diablo sabe perfectamente que la vulnerabilidad sexual de la mujer está en el oír, por lo tanto, por ahí va a dirigir sus ataques. Así lo hizo con Eva allá en el huerto del Edén: La sedujo con palabras y la convenció para que desobedeciera a Dios. El gran error de Eva fue detenerse a platicar y a escuchar con atención lo que el diablo le decía a través de la serpiente. Desde entonces hasta el día de hoy, él continúa usando la misma táctica de ataque y seducción, y no la va a cambiar porque le ha funcionado y porque él bien conoce y sabe que el oído es el punto más débil de las mujeres para hacerlas caer en tentación.

Mi consejo para resistir al diablo en este tipo de ataques es el siguiente: Esposas, por ningún motivo se queden a solas con ningún hombre, así sea el hermanito más santo y beato de la iglesia. Si esto no fuera posible, evite prestarle su oído para iniciar conversaciones sobre asuntos personales o de familia.

Evite en lo posible los abrazos y besitos sociales de parte de amigos, conocidos, extraños y hermanos de la iglesia porque son una manera de abrirles ventanas para que ellos se tomen más confianza de la necesaria y también porque no es correcto que los hombres anden manoseando o tocando a las damas para saludarlas, peor si son casadas. Un saludo de manos es más que suficiente para expresar cariño y respeto, más allá de esto, es darle lugar al diablo.

Cuando el dinero se va de casa

Un dicho muy popular dice lo siguiente: "El dinero no trae la felicidad, pero cuando se va se la lleva". Créame que cuando el dinero se va de casa, se lleva hasta a la esposa si es posible.

Una de las trampas favoritas del diablo para arruinar matrimonios es destruir por completo sus finanzas. Él sabe perfectamente que a los hombres les asustan las malas rachas financieras, pero a las mujeres les aterran y las espantan. Sabe también que la primera reacción de una esposa cuando las finanzas fallan es irse de casa. Por lo general casi siempre buscan regresar con la mamá, aunque ya no la tengan. Por naturaleza ellas actúan así porque tratan de encontrar un lugar financiero más seguro que les dé la estabilidad emocional que han perdido. No es que ellas sean interesadas en el dinero, actúan de esa manera porque así es su naturaleza femenina, así las hizo Dios y no hay nada que se pueda hacer al respecto. Si bien es cierto que las esposas son capaces de dar hasta la vida por sus esposos, también es cierto que muchas de ellas no están muy dispuestas a pasar pobreza o depresiones financieras juntamente con ellos; es por eso que cuando las vacas flacas llegan a casa para quedarse por algún tiempo, lo primero que piensan es en salir corriendo por la puerta trasera. Lo triste de todo este asunto es que una gran cantidad de matrimonios terminan divorciándose, aun queriéndose y amándose con toda el alma. Todo esto sucede por no saber ni comprender que toda la trama financiera en la mayoría de los casos es una trampa del diablo para generar pánico y separarlos, y de esa manera destruirlos. La buena noticia es que estas depresiones financieras no son para siempre, es decir, son temporales y por lo general marcan el fin de un ciclo financiero y el comienzo de un nuevo orden financiero familiar; pero como quiera que sea, este proceso de transición es incómodo, doloroso y espanta a cualquiera. Mi consejo para resistir este ataque es el siguiente: Esposo, si la esposa decide irse de casa por una crisis financiera váyase con ella, así por lo menos va a saber a dónde se va para que inmediatamente después de que la mala racha financiera haya pasado, vaya usted por ella o se regresen juntos a casa.

Las tres áreas débiles y frágiles estudiadas anteriormente no son las únicas por donde el diablo hace daño, pero sí son sus preferidas para destruir matrimonios. Ahora que ya usted sabe cómo y por dónde busca hacer daño, le será más fácil detectarlo y resistirlo para no caer en la tentación de sus trampas.

Capítulo 4
Los castigos de Dios en el huerto del Edén

Para entender mejor cómo funciona el matrimonio, es necesario saber lo que realmente pasó entre Adán, Eva y el diablo. Digo esto porque allá en el huerto del Edén pasaron entre ellos incidentes muchos más serios de los que realmente creemos o sabemos. No hay ninguna duda de que Dios los castigó severamente por sus errores y que fue a partir de ahí que las normas y reglas que rigen el matrimonio cambiaron drásticamente para siempre. Estos castigos que ellos recibieron, hasta el día de hoy están presentes y afectan en gran manera la vida social y sexual de los matrimonios, por lo tanto, es vital que conozcamos detalladamente qué realmente pasó en el huerto del Edén, porque tal parece que Adán y Eva no solamente se equivocaron en comer el fruto prohibido, sino que cometieron otras faltas graves, dado que muchos de los castigos que ellos recibieron no tienen nada que ver con el hecho de haber comido del fruto que les dijo Dios que no comieran. Cabe recalcar que el único castigo que Dios les había advertido que les daría si desobedecían era que morirían, sin embargo, al final terminaron recibiendo muchos más castigos; eso me dice que efectivamente hicieron algo más que comer del fruto prohibido. Estos castigos adicionales recibidos por ambos son los que cambiaron por completo las reglas del matrimonio, sobre todo en la parte sexual, por lo tanto, conocer y saber el porqué de estos otros castigos nos ayudarán a entender mejor la vida conyugal y también nos dará la capacidad para resolver cualquier problema o conflicto que se presente, especialmente los de índole sexual que son los que más daño hacen a los matrimonios.

Lo que el diablo no quiere que la gente sepa

El enemigo número uno del matrimonio es el diablo. Por siglos ha evitado a toda costa que los seres humanos, en especial los cristianos, tengan el conocimiento completo de lo que realmente pasó allá en el huerto del Edén, él sabe que si lo ignoramos es más fácil para él destruirnos y es por eso que jamás va a querer que lo sepamos; ha hecho todo lo posible para impedir que este conocimiento salga a la luz, prácticamente nos ha empañado los ojos para que no lo veamos cada vez que leemos las sagradas escrituras, pero Dios en su amor y misericordia ha querido dar un poco más de luz a través de este libro. Los misterios que aquí se van a exponer ponen de manifiesto la forma en que el diablo opera para dañar y destruir los matrimonios, al mismo tiempo, el conocimiento de estos misterios les va a dar a los cónyuges las bases teológicas necesarias para resistir los ataques del diablo.

Estoy consciente de que muchos de los misterios que en este libro se van a discernir son bastante controversiales y no será fácil aceptarlos, asimilarlos o digerirlos. Quiero que sepa que mi intención no es convencerlo de nada, sino más bien es retar su inteligencia para que medite y saque sus propias conclusiones. Recuerde que después de todo, lo importante es ayudar a resolver problemas matrimoniales, ya sean los suyos o los de alguien más. Y hablando de controversias, aquí viene la primera.

Capítulo 5
Adán fue creado sin deseo sexual

Le voy a hacer una pregunta muy fácil: ¿Usted le pondría una tanqueada de gasolina a un carro que no tiene motor? No sé usted, pero yo no le pondría ni siquiera un litro porque el sentido común me dice que sería una decisión absurda porque el vehículo no tiene motor, en ese sentido, no tendría caso echarle gasolina porque no la va a usar. A lo que quiero llegar con esta ilustración es a lo siguiente: Que Dios tampoco le puso deseo sexual (gasolina) a Adán porque no tenía mujer (motor) donde usar ese deseo. Es importante resaltar el hecho de que Adán fue creado primero, es decir antes que Eva, esto me hace pensar que ella no estaba originalmente en el plan de Dios, por lo tanto, no tenía sentido que Dios creara a Adán con el deseo sexual, pues, ¿para qué? si no lo iba a necesitar. Si Dios hubiera creado a Adán con deseo sexual, hubiera sido para él más que una virtud, un castigo, debido a que este deseo sexual le hubiera afectado tanto física como emocionalmente por la abstinencia que hubiera tenido que sufrir por no disponer de mujer en donde satisfacer ese deseo sexual.

Otro argumento de peso de que Adán fue creado sin deseo sexual

Otro argumento de peso para sustentar que Adán fue creado sin deseo sexual es el hecho de que el hombre fue creado por Dios a su imagen y semejanza y como Dios no tiene deseo sexual, esto significa que también hizo a Adán sin el deseo sexual.

Ahora bien, esto no quiere decir que la condición de Adán quedó así para siempre; posteriormente Dios le dio el deseo sexual como consecuencia de un castigo que El Señor le dio a Eva, de lo cual hablaré más adelante cuando explique detalladamente acerca de los castigos que Eva recibió.

La soledad de Adán y su deliciosa costilla

No cabe ninguna duda de que una de las creaciones que más le agradó a Dios fue la creación de Adán, y no era para menos ya que Dios podía verse a sí mismo en él debido a que Adán era semejante a Él en todo.

Con certeza puedo decir que Adán tenía en un principio capacidades físicas y espirituales extraordinarias, pero ninguna de ellas le dio las facultades para poder soportar las noches tristes de soledad. La falta de una compañera, de una u otra manera, ya lo habían afectado física y emocionalmente.

Si bien es cierto que Adán no sentía ningún deseo, esto no significa que no necesitara de compañía y sexo. El caso es que este sentimiento de soledad y necesidad sexual ya lo había afectado demasiado, a tal grado que quizás hasta lo había ya enfermado. Era ya tan notorio el desánimo en Adán al respecto, que hizo que Dios expresara lo siguiente:

"Y dijo Jehová Dios: No es bueno que el hombre esté solo; le haré ayuda idónea para él". (Génesis 2:18)

Esta escritura nos revela que la soledad de Adán no solamente era un problema serio para él, sino que ahora ya era un problema también para Dios, por lo que tomó la decisión de crearle una compañera. Así fue como Eva apareció en la vida de Adán; Dios se la formó de una de sus costillas. A partir de ese momento, surge una de las historias más hermosas de amor, historia que no solamente cambiaría la vida de Adán, sino también la vida de toda la humanidad y me atrevería a decir que también terminó cambiando, inclusive, la vida de Dios mismo.

Lo positivo al final de todo esto es que gracias a la decisión que Dios tomó de crear a Eva, usted y yo existimos el día de hoy. Se diga lo que se diga acerca de los pecados y errores que Eva cometió, no cabe duda que fue una decisión bien acertada de Dios, ya que tener una esposa es una de las cosas más hermosas y valiosas que un hombre puede tener en la vida; es sin lugar a dudas la más deliciosa costilla que un esposo puede disfrutar. Ellas son verdaderamente un exquisito y delicioso banquete; bendito el día y la hora en que Dios las creó.

Capítulo 6
El hombre más feliz del mundo

Sin temor a equivocarme, con seguridad le puedo decir que en toda la historia de la humanidad no ha existido ningún hombre que haya sido más feliz que Adán. Las condiciones en las que vivía, las habilidades y destrezas que tenía y la extraordinaria y hermosa mujer que Dios le dio, le proporcionaron un estilo de vida único que jamás se volvió a repetir en ningún ser humano. Es por eso que con certeza puedo afirmar que Adán fue y ha sido el hombre más feliz del mundo.

Principalmente fueron tres los aspectos que le propiciaron a Adán las condiciones perfectas para que fuera el hombre más feliz de la tierra; a continuación estudiaremos detalladamente cada una de ellas.

El Tarzán del Edén

Sin broma alguna le puedo afirmar que Tarzán de la selva se queda pequeño comparado con Adán del Edén, y no estoy exagerando para nada.

Cuando Dios le dio a Adán señorío sobre todos los animales, bestias, aves y peces, lo dotó de habilidades físicas especiales para que sin ningún problema pudiera ejercer la autoridad que le había dado sobre todos ellos. El propósito de Dios al darle esta autoridad era que Adán no solamente los gobernara, sino también que se entretuviera y se divirtiera con todos ellos.

Dios en realidad quería que Adán fuera un hombre feliz y hasta cierto punto lo era porque podía hacer cosas extraordinarias, como por ejemplo el hecho de poder ir hasta lo más profundo del mar sin traje de buzo para darle instrucciones y órdenes a los tiburones, ballenas y delfines. También tenía la habilidad de volar, esto le permitía ejercer señorío sobre animales como el águila y el zopilote. También Adán tenía una fuerza física y velocidad fuera de serie que hacían que animales feroces como el león, el tigre y el oso se sometieran a él sin poner ninguna resistencia. De no haber tenido esa fortaleza, más de algún animal salvaje se lo hubiera devorado; si no lo hicieron no fue porque eran vegetarianos o unas mansas palomitas. La realidad es que si no se lo comieron vivo fue porque Adán los superaba en inteligencia, fuerza, destreza, habilidad y velocidad. No cabe duda de que Dios dotó a Adán de todas estas habilidades y capacidades especiales porque en primer lugar Dios lo hizo semejante a Él y en segundo lugar porque no había otra manera de cómo Adán pudiera ejercer autoridad y domino sobre todos esos animales.

Tristemente Adán, por su desobediencia a Dios, terminó perdiendo todas sus habilidades y capacidades especiales, incluyendo la capacidad de hablar con los animales y la capacidad de hablar directamente con Dios.

Un soltero suelto en el Edén

Si bien es cierto que ser soltero no es fácil, tampoco podemos negar que también la soltería tiene privilegios que una vida de casado no tiene. El único problema que Adán tenía eran sus noches largas y frías de soledad, de ahí en adelante, para él era como vivir siempre en vacaciones. Inmediatamente cuando amanecía, la alegría le florecía y hasta el día se le hacía corto correteando y jugando con sus amigos los animales. Adán no tenía que darle explicaciones a nadie de lo que hacía, no tenía horario para levantarse o acostarse, no tenía que bañarse antes de acostarse, tampoco tenía que afeitarse, peinarse y perfumarse debido a que no tenía quién se lo exigiera o por lo menos alguien a quien gustarle; no tenía que lavar ropa ni trastes, ni llevar a los niños al parque. Para él, prácticamente todos los días eran fin de semana. Así era la vida de soltero de Adán, llena de alegría y libertad, hasta que un día llegó Evita y le evitó todo. Cuando Eva apareció en la vida de Adán, todo cambió para él. Ahora tenía que adaptarse a su nueva normalidad, la cual era básicamente: Menos libertad, más responsabilidad y una larga luna de miel con su amada Eva.

Definitivamente la llegada de Eva transformó la vida de Adán en todo aspecto. En un abrir y cerrar de ojos, el soltero solitario se había enamorado y ahora ya no solamente era un hombre alegre, sino que también era un hombre feliz. No era para menos, pues el amor había tocado las puertas de su corazón.

Si bien es cierto que Adán dejó de ser un soltero suelto en el Edén, eso no significa que dejó de ser el hombre más feliz de la tierra.

Amor a primera vista

Si existe alguien que se enamoró a primera vista, ese fue Adán. Fue tan fuerte este sentimiento, que no le importó dejar atrás su esplendorosa vida de soltero; sin pensarlo tanto la cambió inmediatamente por la vida de casado. Es evidente que la hermosura física de Eva lo dejó totalmente perplejo y anonadado, le gustó tanto que no pudo contener su alegría y emoción al grado de que expresó lo siguiente desde lo más profundo de su corazón:

"Dijo entonces Adán: Esto es ahora huesos de mis huesos y carne de mi carne; ésta será llamada varona, porque del varón fue tomada". (Génesis 2:23)

Con esta expresión, Adán claramente exclama desde lo más profundo de su alma que Eva le gustó extremadamente y que como salió de él, se la disfrutaría de amor de noche y de día. Si bien es cierto que Adán no sabía en lo que se metía, sí sabía lo que quería y no le importaba perder la cabeza por su amor; y vaya que sí, porque al final prácticamente terminó perdiendo la vida por el amor de ella.

No cabe duda de que al momento que Eva apareció, Adán se enamoró apasionadamente de ella y desde ese momento fue el hombre más feliz del mundo. Lamentablemente esa felicidad se vio drásticamente afectada cuando tomaron la mala decisión de desobedecer a Dios; a partir de ahí todo cambió, no solamente para ellos, sino también para toda la humanidad.

Capítulo 7
Eva, ¿la versión mejorada de Adán?

Una de las razones principales por las que Dios creó a Eva fue porque Adán se sentía solo, especialmente por las noches. Esta condición de una u otra manera ya había afectado emocionalmente la vida de Adán. Ya Dios había observado que no solamente necesitaba satisfacerse sexualmente, sino que también necesitaba de la compañía de una hembra con semejanza a él, con la cual pudiera compartir, hablar, trabajar y divertirse. Para resolverle todas estas necesidades, Dios decidió hacerle ayuda idónea y así fue como Eva apareció en la vida de Adán.

De costilla a mujer

He visto magos que sacan conejos de un sombrero y es asombroso, pero sacar a una mujer de una castilla, eso sí es más que espectacular. Esto es exactamente lo que Dios hizo, sacar a Eva de una de las costillas de Adán, pero lo más grandioso de todo es el hecho de que la mujer que salió de esa costilla, era verdaderamente hermosa y venía con capacidades que no solamente complementaban a Adán, sino que también lo superaban en muchos aspectos.

Eva, para cumplir la parte idónea que Dios requería para ayudar a Adán, tenía que ser por lo menos igual a Adán en capacidad, destreza, fuerza y velocidad; de no haber sido así, un león, cocodrilo o cualquier otro animal feroz y salvaje, en un descuido, hubiera dejado viudo a Adán. También Eva tenía que venir a ser un complemento de lo que Adán no tenía y son estas partes complementarias que ella traía las que definitivamente hacían que Eva se viera como una versión mejorada de Adán, pero en realidad no era así, porque la intención de Dios en ningún momento fue superar a Adán con otra creación, lo único que pretendía era ayudarlo y para hacerlo, Dios tuvo que poner virtudes extras en Eva que Adán no tenía y que ayudarían a cumplir ese propósito. Esto significa que con la creación de Eva, lo que Dios hizo fue básicamente completar o terminar la creación de Adán; esto quiere decir que no eran dos, sino un solo ser hecho de dos partes.

La mujer más hermosa y fogosa

Dentro de la historia de amor entre Adán y Eva quisiera poder decir que cuando Eva vio por primera vez a Adán, quedó impresionada de lo guapo que se veía; en verdad no fue así, lo más probable es que al verlo por primera vez se asustó debido a que Adán no se veía tan guapo y hermoso que se diga; esto hace pensar que su aspecto salvaje no fue un punto a su favor en su primera cita de amor, pero Adán tenía una gran ventaja a su favor, la cual era que Eva tampoco tenía mucho de dónde escoger. Lo que sí le puedo asegurar es que, cuando Adán vio por primera vez a Eva, casi se le salieron los ojos y el corazón, y no era para menos pues vio a una mujer delicada y hermosa de piel suave, cabello largo y, lo mejor de todo, sin barba y con todas las curvas y todas las extras físicas voluminosas que él no tenía, que hacían que Eva se viera espectacularmente hermosa y maravillosa. Pero eso no era todo, Dios tenía más sorpresas para su amado Adán y una de esas sorpresas era que Eva traía dentro de sus virtudes una función que la hacía aun más especial para Adán, y es que ella sí traía incluido dentro de su sistema operativo el deseo sexual que Adán no tenía. Este deseo es lo que hacía que Eva viera a Adán hermoso, guapo y deseable, y lo buscara sexualmente por aire, cielo y tierra, sin importarle mucho que Adán luciera o se viera como cavernícola.

Adán, aparte de recibir a una musa como esposa, recibió a la mujer más fogosa que ha existido en el mundo; digo esto porque después de Eva no ha habido ni va a haber otra mujer sexualmente fogosa como ella; esto significa que solamente Adán ha podido y ha tenido el privilegio de experimentar y disfrutar a una mujer así.

Digo que después de Eva no va a existir otra mujer sexualmente como ella, dado que esta virtud no tuvo continuidad porque lastimosamente Eva la perdió a causa de una falta sexual que cometió (de la cual hablaré más adelante). Por ese pecado Dios la castigó quitándole el deseo sexual y se lo dio a Adán. A partir de ese momento, las reglas del sexo en el matrimonio cambiaron drásticamente y hasta el día de hoy, esos cambios siguen vigentes.

Indiscutiblemente Eva fue creada con virtudes únicas y especiales que la ponían aparentemente en una posición de ventaja sobre Adán. La intención de Dios al darle todas esas virtudes no fue para que superara a Adán o para que Eva se sirviera de ellas, sino para que ella las dispusiera única y exclusivamente para ayudar a Adán; esta es básicamente la razón por la que Eva fue creada con todas esas maravillosas ventajas.

Capítulo 8
Dios los casó y los mandó a tener hijos

"Y los bendijo Dios, y les dijo: Fructificad y multiplicaos; llenad la tierra, y sojuzgadla, y señoread en los peces del mar, en las aves de los cielos, y en todas las bestias que se mueven sobre la tierra". (Génesis 1:28)

Lo que Dios les dijo cuando los bendijo no lo sabemos, pero suponemos que al final probablemente les dijo alguna frase parecida a: "Los declaro marido y mujer". Lo que sí sabemos es que tuvieron el exclusivo privilegio de que Dios personalmente los casó y los mandó a tener muchos hijos. Ya todos sabemos que ese mandato de reproducción implicaba tener mucho pero mucho sexo; esto significa que esa orden de Dios no iba a ser para ellos difícil ni complicada de obedecer.

El pecado no fue tener sexo

Mucha gente que sabe de la Biblia lo que yo sé de aerodinámica, tiene la falsa creencia de que el pecado que Adán y Eva cometieron fue que tuvieron sexo y que esa fue la razón por la que Dios los castigó y los expulsó del huerto del Edén. Tener sexo no fue el pecado de Adán y Eva porque el día que Dios los casó les dio un mandato específico, el cual fue que tuvieran hijos. Esta orden, por supuesto, implicaba también tener sexo, por lo tanto, es totalmente falso que el pecado de ellos fuera tener sexo. Esta mal interpretación escritural o ignorancia acerca del pecado de Adán y Eva, ha dado lugar a que se le dé al acto sexual un status deshonroso, señalándolo como un acto impuro, indigno, sucio, pecaminoso e inmoral. Cabe aclarar que el sexo sí es todo lo mencionado anteriormente, pero cuando se practica fuera del matrimonio o entre personas del mismo sexo o con animales, pero cuando se practica dentro del marco constitucional establecido por Dios, de ninguna manera es pecado; por el contrario, el sexo dentro del matrimonio es puro y santo en todas sus formas y si es santo, significa que el sexo es también espiritual y si es espiritual, sin exagerar podría decirse que el sexo es un ritual religioso.

El exquisito placer del deleite

No cabe ninguna duda de que Eva fue el regalo matrimonial más único, precioso y maravilloso que Adán pudo recibir. La espectacular belleza de Eva, sumada al deseo sexual que Dios puso en ella, hicieron la combinación perfecta para que la relación sexual entre ambos fuera un verdadero derroche de placer y deleite. Aunque el sexo no era una prioridad en Adán debido a que no fue creado con deseo sexual, para Eva sí lo era. Este deseo provocaba en ella que su primer, segundo y hasta el décimo pensamiento del día fuera tener sexo con su amado Adán; esto significa que era ella quien lo buscaba todos los días por cielo, tierra y agua; mañana, tarde y noche; para proveerle placer y deleite sexual.

Adán jamás tenía que convencer, insinuarle, rogarle, suplicarle o implorarle a Eva para tener una relación sexual, su virtuoso deseo la hacía tener siempre la creatividad, la imaginación y la iniciativa para encargarse de casi todo a lo que a sexo se refería. Esta súper capacidad ubica a Eva no solamente como una mujer sexualmente virtuosa, sino también como una mujer única en su género debido a que nunca ha existido ni va a existir otra mujer así como ella, ya que Eva fue la primera y la última mujer que Dios creó con ese maravilloso deseo sexual.

En conclusión, se puede decir que para Adán y Eva, y para toda la humanidad, procrear hijos ha sido por excelencia la más preciosa excusa para divertirse y deleitarse con el placer que provee el sexo.

Capítulo 9
El fruto que no se podía tocar ni comer

Como seres humanos y como matrimonio, Adán y Eva tenían la libertad de hacer lo que quisieran, la única prohibición que Dios les dio fue que no podían comer ni tocar el fruto del árbol que estaba en medio del huerto; de ahí para allá, podían comer y hacer lo que quisieran. La escritura relata esta prohibición de la siguiente manera:

"Pero del fruto del árbol que está en medio del huerto dijo Dios: <u>No comeréis de él, ni le tocaréis</u>, para que no muráis". (Génesis 3:3)

Si observa con cuidado la escritura anterior, notará que Adán y Eva recibieron una orden clara y específica de parte de Dios. Esta orden venía también con una advertencia la cual era: Que ya sea que comieran o tan siquiera tocaran el fruto que estaba en medio del huerto, morirían.

El único árbol frutal del huerto que Dios les prohibió comer y tocar se llamaba El árbol del bien y del mal. Lo malo de comer de este árbol es que no solamente le daría a Adán y Eva la capacidad de conocer y juzgar entre lo bueno y lo malo, sino que también les daría el deseo y la capacidad de querer hacer el mal continuamente. Es importante entender que, conociendo ya lo que es bueno y lo que es malo hacer, por cualquier mala acción que ellos cometieran ya no serían juzgados por Dios como hacedores ingenuos o inocentes, sino que ahora serían juzgados por Dios como pecadores y hacedores de maldad; este cambio implicaba que, de ahí en delante, cada vez que cometieran una equivocación o una falta serían reprendidos o castigados por Dios, todo por el hecho de tener conciencia del bien y del mal.

Un huerto para sus cuerpos fortificados

Los únicos seres humanos que han tenido el privilegio de haber sido creados directamente por las manos de Dios han sido por excelencia Adán y Eva, y aunque no fueron creados al mismo tiempo ni del mismo material, Dios se aseguró que ambos tuvieran la capacidad de resistir su presencia y no solamente eso, sino que también pudieran oír su voz y hablar con Él sin ningún problema. Para poder hacer todo esto, no cabe duda de que Adán y Eva tenían cuerpos fuertes y resistentes; es decir, tenían cuerpos físicamente fuera de serie, pero no eran cuerpos glorificados; más bien, ellos tenían lo que yo llamo: "cuerpos fortificados", los cuales requerían una alimentación verdaderamente especial; es por eso que Dios les plantó un huerto, el cual producía frutos con las potencias nutritivas que estos cuerpos requerían para vivir, resistir y funcionar de la manera que lo hacían. De no haber tenido esa alimentación especial que el huerto producía, Adán y Eva no hubieran tenido las capacidades especiales que tenían ni tampoco hubieran podido resistir la presencia gloriosa de Dios. Si Adán y Eva no hubieran tenido estos cuerpos fortificadas y alimentos adecuados, lo más seguro es que en la primera conversación con Dios se hubieran desintegrado.

La comida del huerto era tan especial y vital para los cuerpos fortificados de Adán y Eva, que cuando fueron echados de ese lugar se desnutrieron y se debilitaron a tal grado que nunca más pudieron tener la misma resistencia, fuerza y energía que tenían antes. Esta debilidad física causada por la falta de esos frutos especiales que comían, hizo que las enfermedades y la muerte poco a poco los fueran alcanzando.

Si Adán y Eva hubieran tenido cuerpos glorificados como el cuerpo de Jesús Cristo después de que resucitó, jamás la muerte hubiera podido alcanzarlos y prácticamente con cuerpos así hubieran sido eternos, pero se sabe que no lo eran porque ambos murieron, pero el hecho de que la muerte llegó a ser parte de su ciclo de vida, no significa que la muerte estaba contemplada en el plan original de Dios, seguro que no. La muerte vino como resultado de comer del fruto prohibido, lo que significa que si nunca hubieran comido del fruto prohibido, nunca hubieran muerto. Eso no significa que eran eternos, posiblemente al vivir una cantidad específica de años en la tierra pasarían a ser eternos, pero sin necesidad de tener que morir para serlo.

Adán y Eva, seres únicos y especiales

Si bien es cierto que Adán y Eva no tenían cuerpos glorificados o cuerpos que resistieran la eternidad, esto no significa que Dios los hizo débiles y con ciclo corto de vida, de ninguna manera. Cuando Dios los creó quería que vivieran mucho tiempo en la tierra, quizás miles de años, es por esa razón que los hizo con cuerpos fortificados resistentes a todo, inclusive al envejecimiento. Posiblemente la intención de Dios era que vivieran muchos años y luego revestirlos con cuerpos glorificados para que pudieran durar toda la eternidad, pero lamentablemente la muerte entró en ellos y poco a poco los fue debilitando hasta prácticamente matarlos.

No cabe duda de que Adán y Eva definitivamente eran seres únicos y especiales tanto física como espiritualmente; ellos fueron realmente personas fuera de lo normal. Es una lástima que no se aguantaron las ganas de comer del fruto prohibido, ya que cometer este error los llevó a enfrentar y a experimentar la muerte y lo que es peor, a perder la oportunidad de vivir eternamente y para siempre sin necesidad de sufrir o experimentar la muerte.

Dios jamás les prohibió que comieran del árbol de la vida

Es curioso que Adán y Eva nunca comieron del fruto del árbol de la vida, pero lo más curioso es que Dios tampoco nunca les prohibió que comieran de él. Si ellos hubieran comido, dice la Biblia en Génesis 3:22 que hubieran vivido para siempre. Se puede ver que la intención de Dios al no prohibírselos era que Adán y Eva vivieran para siempre, lo extremadamente raro es que tampoco ellos lo comieron aun cuando no tenían prohibición alguna de parte de Dios que se los impidiera.

Después de que Adán y Eva fueron expulsados del huerto del Edén, seguramente pensaron y consideraron regresar para comer del fruto del árbol de la vida para así según ellos recuperar la vida que habían perdido. Ellos ya sabían muy bien que si comían de él jamás morirían, pero Dios, conociendo de antemano sus intenciones, se los impidió y puso querubines y una espada encendida que giraba alrededor del árbol para impedir que Adán y Eva se acercaran para comer de él; de haberlo ellos siquiera intentado, no cabe duda de que la espada de fuego no solamente los hubiera matado, sino también los hubiera incinerado.

Me pregunto qué hubiera sucedido si Adán y Eva hubieran comido del fruto del árbol de la vida antes de comer del fruto del bien y del mal; en realidad no tengo ni la más mínima idea, solamente Dios sabe con exactitud qué hubiera pasado. Lo que sí sé es que cuando tomaron la mala decisión de comer del fruto que no se podía tocar ni comer, les cambió totalmente la vida y a la humanidad entera también.

Capítulo 10
El plan diabólico de Satanás

No cabe duda de que el diablo tenía unos celos de Adán y Eva verdaderamente enfermizos; sus celos se debían a que ellos eran unos seres más que especiales para Dios y él ya no lo era ni lo sería nunca jamás. La actitud preferencial de Dios hacia Adán y Eva era algo inconcebible e indigerible para el diablo, por lo que se dio a la maligna tarea de destruir la preciosa relación entre Dios y ellos; para lograrlo tenía que encontrar la manera de hacer que ellos se equivocaran y desobedecieran gravemente a Dios para que ya no fueran más sus hijos, sino sus enemigos.

El plan para destruir la gran amistad

El diablo sabía perfectamente que la única manera de romper la amistad de Dios con Adán y Eva era hacerlos desobedecer en la única prohibición que Él les había puesto, la cual era que no comieran del fruto del árbol del conocimiento del bien y del mal que estaba en medio del huerto. El diablo sabía también que si lograba hacerlos caer en desobediencia, Dios los echaría del huerto del Edén y morirían, porque ya habían sido advertidos por Dios mismo a cerca de las consecuencias de la desobediencia. Para hacer que ellos cayeran en la trampa de la desobediencia, el diablo echó mano de una de las habilidades que le ha hecho ganarse el horrible y deshonroso título de: El padre de la mentira. Así fue como haciendo uso de la mentira se dio a la tarea de engañar a Eva para que comiera del fruto prohibido. Como el diablo no podía acercarse personalmente a Eva porque jamás ella le hubiera puesto ni la más mínima atención, usó a la serpiente para que la convenciera. Es importante observar que en ningún momento la serpiente trató de engañar a Adán; la razón por la que considero que no lo hizo fue porque sabía que al primer intento de hacerlo, Adán no solamente la hubiera dejado sin patas, sino también sin cabeza. No hay duda de que el diablo vio en Eva mayores posibilidades para lograr con éxito su plan de engaño.

El diablo echó mano de un animal para engañar a Eva

No cabe ninguna duda de que el diablo tenía bien estudiados tanto a Adán como a Eva y eligió a Eva como la víctima para engañar y hacer que comiera del fruto prohibido; él sabía que si lograba engañarla de una u otra manera, ella haría que Adán lo comiera también.

El diablo, para lograr acercarse a Eva, utilizó un animal llamado serpiente. Lo hizo de esa manera porque entendía que no había otra manera de asegurar el éxito de su maligno propósito. Sabía que si se acercaba a Eva como Luzbel, su engaño hubiera fracasado en el intento debido a que ella y Adán conocían muy bien la historia de su caída y fracaso en el cielo, por lo tanto, con esa mala fama, Eva jamás le hubieran prestado oído, por lo que lo hubiera ignorado por completo. Para no correr ese riesgo, el diablo asignó a la serpiente como la responsable y encargada de convencer a Eva de comer del fruto prohibido; ésta, haciendo uso de las mentiras y engaños que el diablo de antemano le había dicho que le dijera, procedió a asediarla para convencerla.

¿Y quién era la serpiente en realidad?

Lo que la mayoría de nosotros sabemos acerca de la serpiente es que era el animal más astuto de todos los animales del campo; así lo dice la Biblia en Génesis 3:1. Lo que no muchos saben, es que la serpiente era un descendiente genético del diablo; digo esto porque la misma escritura describe a la serpiente como semilla del diablo. Dios, hablándole a la serpiente, le dice lo siguiente:

"Y pondré enemistad entre ti y la mujer, y entre tu <u>simiente y la simiente suya; ésta te herirá en la cabeza, y tú le herirás en el calcañar</u>". (Génesis 3:15)

La escritura anterior habla claramente de dos simientes o semillas distintas; esto deja bien claro que la serpiente definitivamente procedía genéticamente del diablo y Eva procedía de la simiente de Dios. Además, no es difícil deducir la diabólica procedencia de la serpiente por la notoria maldad con que esta bestia actuó en contra de Eva. Valga la redundancia: Solamente un hijo del diablo puede actuar como el diablo.

¿Quién fue la mamá de la serpiente? Eso no lo sé, lo que sí sé es que el diablo era el papá y aprovechó la autoridad de su paternidad para darle instrucciones específicas de cómo engañar a Eva. Definitivamente la serpiente fue clave para que el diablo pudiera cumplir su satánico plan de destrucción. No está de más mencionar que esta bestia era tan astuta que hasta inclusive hablaba el mismo idioma que hablaban Adán y Eva; digo esto porque Eva mantuvo una conversación de tú a tú con la serpiente. Esta capacidad lingüística de la serpiente fue clave para persuadir a Eva de que comiera del fruto prohibido.

Las serpientes no hablan

Como ya he mencionado antes, Adán y Eva tenían la capacidad especial de hablar y entender a los animales del campo; esto no quiere decir que los animales hablaban el idioma de ellos, sin embargo, la serpiente que engañó a Eva sí hablaba y entendía muy bien el idioma de ellos. Aparte de esta habilidad, también conocía muy bien acerca de la prohibición de Dios porque se la citó a Eva mientras conversaban; esto nos da a entender que esta serpiente no era cualquier animal.

Todas estas habilidades de la serpiente, definidamente la calificaron como el instrumento perfecto del diablo para engañar a Eva.

La capacidad lingüística de la serpiente y su capacidad de carga fueron grandes ventajas que hicieron que este animal no solamente se convirtiera en el medio de transporte preferido de Eva, sino también en su mascota, en su confidente y consejero. Me atrevería a decir que la serpiente llegó a ser uno de los animales preferidos de Eva.

Al estar Eva en contacto y comunicación constante con este animal, y lo que es peor, prestarle oído y atención, ella sin darse cuenta estaba en medio de un peligro mortal. Ya de todos es conocido que finalmente la serpiente terminó convenciendo a Eva de comer el fruto prohibido, pero lo peor y lo más grave aún estaba por suceder.

Capítulo 11
La bella Eva y la bestia

Eva era definitivamente el ser más bello y hermoso, no solo del huerto del Edén, sino de todo el Edén y toda la tierra. Su llegada no solamente cambió la vida de Adán, sino también la vida de todos los animales y seres que vivían en toda la región. Se podría decir que su bella presencia vino a darle color, alegría y vida a todo alrededor, pero sin lugar a dudas el más beneficiado con su aparición fue Adán.

Prácticamente una reina

La autoridad que Dios le dio a Adán era prácticamente la de un rey, lo que significa que cuando Eva fue creada para ser la esposa de él, ella adoptó también toda la autoridad y los privilegios que conllevan ser la esposa de un rey; esto incluye el señoreo sobre todos los animales, las habilidades especiales para poder señorearlos y otras capacidades más que la ponían hasta cierto punto en mejor ventaja que a su esposo Adán. No debería sorprender a nadie el hecho de que Eva tenía capacidades superiores a las de su esposo, ya que no podía ser de otra forma debido a que solamente siendo superior a él o por lo menos igual a él, podía cumplir la función de ser la ayuda idónea de Adán; de lo contrario era prácticamente imposible serlo y se supone que Eva fue creada para ser la ayuda idónea de Adán.

¿Y qué es la ayuda idónea?

La Biblia dice que Dios le hizo ayuda idónea a Adán y efectivamente así fue; Eva vino a ser la ayuda idónea de él, esto significa que ella estaba capacitada física y mentalmente para hacer de buena voluntad y gana cualquier labor que quisiera hacer su esposo Adán, siempre y cuando él lo requiriera o fuera necesario. Por poner un ejemplo: Si Adán quería mover una enorme roca de un lugar a otro, Eva simplemente lo hacía por él para que su amado no se cansara, se golpeara o se machucara un dedo; así de idónea era Eva para Adán. Ella era para él la solución perfecta para todo, de no haber sido así, Eva hubiera venido a ser para Adán no la ayuda idónea, sino una carga y una responsabilidad más para él.

Lo idóneo es aquella capacidad de acción que llega en el momento oportuno y necesario para que la labor que haya que hacer se realice con éxito y efectividad, y sin que el interesado o responsable participe en la ejecución de tal acción. Así era Eva de idónea, era tan capaz que excedía las expectativas de Adán en todo. Lastimosamente esta virtud la perdió cuando cayó en pecado y desobediencia, es por esta razón por la que hoy en día las esposas ni accionan ni reaccionan, y ni siquiera preguntan a sus esposos si necesitan ayuda aun cuando los ven que casi se van reventando al cargar algo pesado. Es sorprendente cómo a la hora de lo difícil y pesado, ni ellas ni lo idóneo aparecen por ningún lado.

Si Eva no hubiera perdido lo idóneo, hoy en día los esposos serían los seres más felices y complacidos del universo, ya que ellas se encargarían de hacer lo más pesado. Nadie discute que las esposas en la actualidad son bellas y hermosas, pero lamentablemente lo idóneo como virtud no existe en ninguna de ellas debido a que Eva dejó perder esa increíble virtud cuando desobedeció a Dios.

No hay duda de que lo idóneo era una cualidad hermosa que hacía resaltar la elegante belleza de Eva. No está de más decir que dentro de sus cualidades idóneas estaba incluida su extraordinaria capacidad sexual que era para Adán, sin lugar a dudas, lo más idóneo y maravilloso que Eva podía tener.

¿Y quién era la bestia?

Para el diablo la bestia, aparte de ser su descendiente, también fue el medio para acercarse a Eva y lograr engañarla. Para Eva, la bestia era un animal feo, grande, de cuatro patas, que ella utilizaba como medio de transporte y como confidente; digo como confidente porque Eva conversaba asuntos personales con esta bestia al mismo tiempo que ésta le servía como taxi.

Se ha malinterpretado por muchos expertos y teólogos que la bestia o serpiente tuvo algo que ver sexualmente con Eva y que esto fue uno de los pecados graves que ella cometió; en realidad esta bestia, aparte de ser horrible y grande, no dejaba de ser un animal, lo que significa que no representaba física ni emocionalmente algo sexualmente atractivo que Eva pudiera desear, por lo que estoy seguro de que ni siquiera se le pasó eso por su mente. Cuando Eva sentía deseo de sexo, inmediatamente buscaba a Adán para saciarse, no buscaba a nadie más que a su esposo, así fue siempre, por lo menos hasta antes de comer del fruto prohibido; después de comerlo, todo cambió en ella.

La teoría de que Eva tuvo algo que ver con la bestia, desde mi punto de vista, está totalmente descartada porque ¿quién quiere hacer el sexo con una horrible bestia?; probablemente solo otra bestia y Eva no era una bestia, sino una mujer bellísimamente hermosa con gustos sexuales muy finos que solamente en Adán podía encontrar.

El único momento en que esta bestia se veía menos fea y horrible era el momento en que Eva la montaba; la hermosura y la elegancia de ella hacían que la bestia se viera y luciera mucho mejor, pero este efecto visual era causado básicamente por la imponente belleza de Eva, que hacía que el cuadro de la bella Eva y la bestia fuera de película.

La bestia al final terminó engañando a Eva

Dice un dicho que tanto va el cántaro al agua que al fin se rompe, y eso es exactamente lo que pasó con Eva; fue tanta la insistencia de la bestia hacia ella de que comiera del fruto prohibido, que Eva finalmente tomó la mala decisión de comerlo.

No cabe duda de que Eva, inmediatamente después de que comió del fruto, experimentó un cambio en su ser que lo podía ver y sentir en carne propia; ella sabía con seguridad que algo malo le había pasado y que no era normal. Lo más seguro es que se asustó en gran manera y pensó lo peor.

Después de que Eva comió del fruto prohibido, todo cambió dentro de ella; ahora ya sabía la diferencia entre el bien y el mal, y lo que es peor, había adquirido la capacidad de hacer el mal sin hacer ningún esfuerzo y sin sentir ningún cargo de conciencia. Digo esto porque inmediatamente ella supo que había hecho mal desobedeciendo el mandato de Dios buscó enseguida a Adán, pero no para contarle con tristeza y arrepentimiento acerca del error que había cometido; sino para prácticamente ordenarle y casi obligarlo a que él también comiera del fruto, a lo que Adán por alguna razón obedeció aun cuando entendía perfectamente que si lo hacía, desobedecía a Dios y en consecuencia moriría.

Eva, al ordenarle a Adán que comiera del fruto, estaba haciendo su primer acto de maldad porque quería que lo malo que a ella le iba a pasar por comer del fruto, también le pasara a Adán. Ese acto malintencionado dice mucho de la maldad que ya había entrado en el corazón de Eva, maldad que era capaz hasta de llevar a la muerte a su propio esposo; y literalmente al final así sucedió. No está de más decir que Adán prácticamente sí dio su vida por amor a Eva, porque se puede ver con claridad que, al decidir comer del fruto, él prefería morir junto con ella antes que quedarse sin ella. Se podría decir que Adán sí amó a Eva hasta por sobre su propia viva.

Al final el diablo triunfó con su objetivo de destruir la amistad de Dios con Adán y Eva, y también triunfó en destruir la tranquilidad y la paz con que este matrimonio vivía en el huerto del Edén, porque después de que pecaron fueron castigados y echados fuera de ese paraíso en donde vivían en paz, felices y contentos en la presencia de Dios.

Es curioso que a Adán y Eva les pasó algo similar a lo que le sucedió a Luzbel (el diablo), el cual fue sacado del cielo y lanzado a la tierra como parte de su castigo. Misteriosamente, por alguna razón, Dios lo puso también en el huerto del Edén, donde también hizo de las suyas para arruinar el plan de Dios para con la humanidad.

Queda claro que lo que mataba de envidia al diablo era ver que la vida matrimonial de Adán y Eva era una vida preciosa y perfecta, llena de amor y armonía, y sobre todo llena de paz con Dios. Estas fueron las razones por las que arremetió contra ellos, arruinándoles y destruyéndoles por completo el gozo y la vida que tenían en el huerto del Edén, lugar donde prácticamente era como vivir en el paraíso de Dios, es decir el cielo.

Es importante recalcar que hasta el día de hoy el diablo sigue destruyendo matrimonios por pura maldad y placer. Su objetivo predilecto de destrucción son aquellos matrimonios que viven en armonía y en relación íntima con Dios. De estos santos matrimonios el diablo solamente espera un pequeño descuido, una diminuta falta o el más mínimo error para caerles encima como león. Lo mejor y lo más recomendable es nunca darle ni el más mínimo chance.

Al diablo lo echaron del cielo junto con todos sus diablos

De muchos es bien conocido que el diablo fue echado del cielo a la tierra junto con los ángeles que apoyaron su rebelión en contra de Dios. Es importante decir que hasta el día de hoy estos espíritus aún viven aquí en la tierra. Lo grave y peligroso es que estos espíritus demoníacos siempre andan buscando seres humanos dónde poder habitar o hacer morada. Por lo general buscan personas que llevan vidas pecaminosamente antinaturales y desordenadas porque esa es la manera en como a ellos les encanta vivir. Es de vital importancia evitar a toda costa que estos espíritus encuentren en nosotros un lugar por medio del cual puedan hacer sus desórdenes y su maldad. La manera más efectiva de evitar que ellos se posesionen de nosotros es llevando una relación espiritual sincera con Dios que convierta nuestros cuerpos en un lugar santo, limpio y ordenado, que es totalmente lo contrario a lo que a ellos les gusta.

Un diablo suelto en el huerto del Edén

Cómo diablos el diablo llegó al huerto del Edén, no lo sé; lo que sí sé es que por alguna razón Dios le permitió estar allí y eso no es nada, me atrevería a decir que tiempo después llegó a ser inclusive rey de una ciudad llamada Tiro. Si le interesa saber más sobre este asunto, esta historia se encuentra en Ezequiel capítulo 28, versículos del 12 al 19. Al punto que quiero llegar es, si bien es cierto que el diablo vivía en el huerto del Edén, eso no significa que convivía en armonía con Adán y Eva, claro que no, pero sí andaba como león rugiente rondándoles la vida. Era tanta su envidia hacia Adán que llegó al punto de codiciar sexualmente a Eva; definitivamente quería a toda costa destruir su matrimonio.

El odio y la envidia que el diablo sentía en contra de Adán y Eva, lo llevó a diseñar un plan lleno de maldad que tenía como principal objetivo que ellos dejaran de existir para siempre o por lo menos hacerles la vida de cuadritos sacándolos del huerto del Edén para luego quedarse solamente él en ese lugar. No está de más decir que en su plan maligno estaba contemplada la seducción sexual a Eva para que le fuera infiel a Adán.

Capítulo 12
La noche en que Eva comió del fruto prohibido

El ser humano por naturaleza tiende a utilizar la soledad y la oscuridad como las condiciones idóneas para cometer un acto incorrecto o una maldad. Lamento decir que Eva fue la primera persona en el mundo en usar esas condiciones para desobedecer a Dios.

La estrategia de la serpiente fue llevar a Eva de noche a donde estaba el árbol del fruto prohibido, probablemente lo hizo varias veces para seducirla e irla trabajando para que un día se decidiera a comerlo, y así fue. Una de esas noches Eva tomó la mala decisión de comer del fruto que Dios le había dicho que no comiera.

No es difícil deducir que Eva fue de noche a comer del fruto prohibido porque ya la serpiente la había convencido de que así lo hiciera para que ni Dios ni Adán ni nadie sospecharan de la intención que ella ya tenía.

Si Eva hubiera intentado comer del fruto prohibido de día, seguramente Adán se hubiera dado cuenta y posiblemente hubiera evitado que ella cometiera ese grave error, pero lamentablemente Adán nunca sospechó que la serpiente en su astucia llevaría de noche a Eva a codiciar el fruto prohibido.

El instante en que Eva comió del fruto prohibido

Inmediatamente después de que Eva comió del fruto, ella sintió un cambio drástico en todo su ser que no pudo pasar desapercibido y no era para menos, pues su corazón había pasado de ser un corazón inocente a un corazón mal intencionado debido a que ahora ella ya sabía lo que era bueno y lo que era malo; y lo que es peor, instantáneamente adquirió la capacidad de hacer el mal sin sentir ningún temor, remordimiento ni peso de conciencia. No cabe duda de que Eva se asustó en gran manera al sentir este cambio en su ser, seguramente sintió morirse y probablemente le pidió a la serpiente que la llevara al lugar donde estaba su esposo Adán, a lo que seguramente la serpiente se rehusó porque dentro del plan del diablo había otra maldad por hacerle a Eva.

El diablo llegó a consolar a Eva por su error

Al instante en que Eva sintió miedo por lo que había hecho, la serpiente se fue del lugar y apareció el diablo con todo su esplendor para asistir a Eva en su pánico y angustia de muerte.

No es difícil imaginarse la forma compasiva y seductiva en como el diablo se acercó a Eva para consolarla en su error y convencerla de que todo tenía una solución y que había una manera para remediar el error y no morir, y que él estaba allí para ayudarle a solucionar su problema. Eva, sintiéndose sola en aquella gran oscurana y lejos de su esposo Adán, sin pensarlo un momento accedió a escuchar la propuesta del diablo.

La propuesta indecente del diablo

El momento más vulnerable de una mujer en donde fácilmente puede acceder a lo que sea con tal de solucionar una situación o un problema difícil, es cuando se siente ya sea en peligro, sola, abandonada, con miedo, con pánico y en un lugar solitario y de noche. Así es exactamente como Eva se sintió aquella noche inmediatamente después de que comió del fruto prohibido.

Puedo imaginarme cómo el diablo se le presentó a Eva como un ángel de luz ofreciéndole la solución perfecta y oportuna para resolverle el problema en que se había metido, actuando como buen samaritano, haciendo gala con todo su esplendor de vestiduras brillantes de piedras preciosas para llamar su atención, seducirla y generarle seguridad y confianza. Se le presentó totalmente como su salvador.

Es importante recalcar que Eva ya había perdido su inocencia, es decir, ya ella tenía conciencia del bien y del mal; esto significa que ya ella estaba consciente de que solamente estar a solas con alguien que no era su esposo era algo malo e indebido, sin embargo, ella siguió y permitió que el diablo se le acercara para que le ayudara con el problema que tenía en esos momentos.

No cabe duda de que el diablo aprovechó la situación difícil en que Eva se encontraba para decirle muchas más mentiras y crearle más aflicción y más pánico del que ya tenía, para de esa manera seducirla y a la vez presionarla sexualmente para que tuviera sexo con él; por supuesto el diablo le hizo esta propuesta indecente como parte de la solución a su problema. De todas maneras, la seducción sexual al diablo no le funcionó para nada, lo que sí le funcionó fue la presión que le hizo. Al final lo que el diablo hizo fue prácticamente presionarla, extorsionarla, chantajearla y manipularla, diciéndole que le ayudaría a salir de su problema siempre y cuando aceptara tener sexo con él y que hiciera hasta lo imposible para que Adán también comiera del fruto prohibido, porque solamente así Dios no le quitaría la vida a ella, ya que si solamente ella comía del fruto, moriría irremediablemente porque a Dios nada le costaba hacerle otra esposa a Adán de otra de sus costillas, pero si ella hacía que Adán comiera del fruto, Dios no le quitaría la vida a Adán porque lo amaba inmensamente y si le perdonaba la vida a Adán, también se la perdonaría a ella. Dada la situación difícil en que Eva se encontraba, Eva le creyó todo lo que le dijo y sin pensarlo tanto accedió a la propuesta sexual del diablo. Esa misma noche Eva tomó la mala decisión de tener sexo con el diablo aun sabiendo y teniendo plena conciencia de que era malo e indebido hacerlo.

Su deseo sexual la traicionó

El pánico de muerte que Eva sintió la noche en que comió del fruto prohibido, facilitó que el diablo se aprovechara totalmente de ella al grado de hacerle acceder a tener sexo con él. El solo hecho de tener relaciones sexuales con alguien que no era su esposo ya era algo grave, hacerlo más de una vez en la misma relación cuando no era una obligación o necesario hace que el pecado sea aun más grave y eso es lo que exactamente le pasó a Eva. La situación se le salió de control cuando no fue solamente una vez sino más de una vez; esta actitud sexual desbordada de parte de ella se debió a que no tuvo control ni dominio sobre el deseo sexual que ella tenía como virtud. Fue básicamente por este error por lo que Dios la castigó y le quitó el deseo sexual y se lo dio a Adán.

Es lamentable que Eva no pudo controlar su deseo sexual cuando accedió a tener sexo con el diablo; hizo el acto como si lo estuviera haciendo con Adán y cuando ella vino a darse cuenta de su error, ya lo había hecho varias veces y ya era demasiado tarde para corregir; su deseo sexual prácticamente la traicionó.

Sabiendo Eva que había hecho mal, su sentimiento de culpa la hizo buscar inmediatamente a Adán para tener sexo con él, para de esa manera aliviar el remordimiento de conciencia que sentía. Adán sin saber nada de lo que pasaba, accedió como siempre a saciar el deseo sexual de su esposa, momento que también Eva aprovechó para contarle no lo que había hecho con el diablo, sino para contarle que había comido del fruto prohibido; momento que aprovechó para ordenarle y exigirle que él lo comiera también. Ya de todos es bien conocido que Adán al final terminó comiendo del fruto también.

La noche en que Eva quedó embarazada de Caín y Abel

Todo error que se comente, tarde o temprano trae consecuencias, y Eva no fue la excepción. Trágicamente de la relación sexual que tuvo con el diablo quedó embarazada de Caín y esa misma noche, que también tuvo relaciones con Adán, quedó embarazada de Abel.

Es muy probable que Eva nunca supo con certeza que Caín era hijo del diablo, posiblemente conforme Caín crecía ella pudo tener alguna sospecha por las actitudes malignas de Caín que llegaron al extremo de hasta matar a su hermano Abel. Solamente un hijo del diablo puede tener el valor y el pudor de cometer un crimen como este.

Serpientes por todos lados

Es impresionante el daño que el diablo puede hacer en cuestión de minutos o segundos. A cuántas mujeres no les ha pasado lo mismo que le pasó a Eva, que en un momento en el que se han encontrado en una situación difícil y se han sentido en un callejón sin salida, viene alguien con gran dulzura, amabilidad y gran comprensión a presentarse como la gran solución de su problema, y esta persona lo que termina haciendo al final es aprovecharse de la crisis que está pasando, dejándola en una condición mucho peor que como se encontraba al principio.

Es importante que usted sepa que el diablo ha usado desde siempre esta misma estrategia de destrucción y la va a seguir utilizando porque le ha funcionado. Solamente necesita una situación difícil y así como usó a la serpiente con Eva, igualmente va a usar a alguien con corazón de serpiente para destruir ya sea un matrimonio, su noviazgo o la vida de quien sea.

Nuestra vida está rodeada de serpientes dispuestas a ser usadas por el diablo, por lo que es vital e importante estar alertas todo el tiempo, especialmente en los momentos de crisis, que es cuando estas serpientes aparecen para causar más daño. Para evitar que estos hijos del diablo destruyan nuestras vidas es necesario resistirlos; la mejor manera de hacerlo es no dándoles ni la más mínima oportunidad de que participen en la solución de los problemas en nuestra vida, ni siquiera para tener ni la más simple conversación. Es necesario evitar a toda costa el error que cometió Eva, el cual fue darle a la serpiente la oportunidad de andar a solas con ella y lo que fue peor, le dio el chance de conversar con ella sobre asuntos íntimamente personales. Nunca por ningún motivo permita que una serpiente se meta en sus problemas matrimoniales, porque lo más seguro es que al final usted termine mordido o envenenado por ella.

Capítulo 13
Y tu deseo será para tu marido

"Y tu deseo será para tu marido", fueron las palabras pronunciadas por Dios para castigar a Eva por el pecado sexual que cometió y por no tener dominio propio de su deseo sexual, ya que al no poder controlarlo, terminó haciéndolo más de una vez con el diablo cuando no era necesario. Considero que, si esto último no hubiera pasado, jamás Dios le hubiera quitado el deseo porque Dios hubiera entendido la presión y la manipulación a la que había sido sometida por el diablo, pero al momento de la relación ella siguió y siguió sin control, y ahí sí se pasó y es por eso que Dios le quitó el deseo cuando la castigó.

El texto bíblico que revela que Eva fue castigada en su deseo sexual es el siguiente:

"A la mujer dijo: Multiplicaré en gran manera los dolores en tus preñeces; con dolor darás a luz los hijos; y tu deseo será para tu marido, y él se enseñoreará de ti". (Génesis 3:16)

Esta escritura claramente revela que efectivamente Eva fue castigada en su deseo sexual. Lo triste de este castigo es que ella perdió una de sus más hermosas virtudes y nunca más la recuperó.

Eva fue la más castigada

Dentro de lo que es normal, a nadie se le castiga por hacer cosas buenas y correctas. Definitivamente Eva recibió los castigos más severos de parte de Dios porque fue quien cometió los pecados y errores más graves.

Cuatro castigos fueron los que Dios le dio a Eva. El primero fue la muerte por comer del fruto prohibido. El segundo fue que con dolor daría a luz a los hijos; este fue por quedar embarazada del diablo. El tercero fue que le quitó el deseo sexual; este castigo lo recibió por no haber tenido control y dominio de su deseo, ya que terminó haciendo el sexo de una forma descontrolada con el diablo. El cuarto castigo que recibió fue que Dios puso dominio o señorío de Adán sobre ella; este castigo lo recibió por haber ejercido mando y dominio sobre Adán cuando le ordenó que comiera del fruto prohibido cuando ella no tenía autoridad sobre él ni permiso de parte de Dios para darle ninguna orden. Es importante aclarar que Adán tampoco tenía dominio o autoridad sobre Eva, en un principio nadie mandaba a nadie. Eva sabía por naturaleza que tenía que ayudar a Adán en todo, ella simplemente lo hacía sin necesidad de que hubiera una orden de mando de Adán de por medio. El señoreo natural que en la actualidad el hombre tiene sobre la mujer, es producto de un castigo que Eva recibió por mandar a Adán cuando no estaba autorizada para mandarlo o dominarlo.

Por donde Eva pecó, por ahí exactamente Dios la castigó

Los últimos tres castigos que Eva recibió por parte de Dios están directamente relacionados con los pecados y faltas que ella cometió. Es importante aclarar que estos castigos no tienen absolutamente nada que ver con el hecho de haber comido del fruto prohibido; es decir, estos tres castigos fueron por otras faltas y pecados muy distintos.

Es interesante observar que Dios le aplicó los castigos a Eva exactamente en el lugar por donde ella pecó o se equivocó; es evidente que Dios lo hizo de esa forma para que ella recordara por siempre por qué fue castigada y también para evitar que volviera a cometer el mismo error. Por ejemplo: Cada vez que Eva sintiera dolor al parir, vendría a su memoria que la causa de ese dolor de parto era por haber quedado embarazada de alguien que no era su esposo Adán.

Si Dios hubiera querido agregar más castigos a Eva por solamente el hecho de haber comido del fruto prohibido, es decir, partiendo del supuesto que ella no hubiera cometido ninguna otra falta, Dios probablemente para hacerle recordar por siempre su error de comer del fruto prohibido le hubiera dejado señal en la boca; quizás se la hubiera dejado torcida, pequeña o bien grande, o tal vez la hubiera dejado hasta sin dientes; pero no fue así. Los castigos extras que Eva recibió no tienen nada que ver con el hecho de haber comido del fruto, sino que están intrínsecamente relacionados con los demás pecados y errores que ella cometió.

Nosotros también castigamos igual

Una de las semejanzas que tenemos con Dios es la forma en como aplicamos los castigos a nuestros hijos. Por ejemplo: Cuando un hijo dice una mala palabra o una palabra obscena, ¿en dónde generalmente un padre le aplica el castigo para reprenderlo o corregirlo? ¿En la boca, en la oreja o en sus partes íntimas? Lo más seguro es que le va a aplicar el castigo en la boca para de esa manera asegurarse de que cada vez que tenga la intención de decir otra mala palabra, se acuerde de por qué le pegaron en la boca. Le aseguro que cualquier hijo por olvidadizo que sea, lo va a pensar cien veces antes de volver a cometer la misma falta.

Aplicar el castigo en el área o en el lugar por donde se cometió la falta es exactamente el mismo criterio que Dios usó para castigar no solamente a Eva, sino a todos los involucrados en los pecados que se cometieron en el huerto del Edén. Cabe aclarar que Dios no ha cambiado en nada este criterio de castigo o represión ya que, hasta el día hoy, lo continúa utilizando para corregir a sus hijos.

No hay ninguna duda de que Dios castigó a Eva exactamente en el lugar por donde ella pecó, esto significa que si la castigó en su deseo sexual es porque por ahí se equivocó; de igual forma, si la castigó en sus preñeces es porque su pecado tuvo que ver con una preñez indebida.

Capítulo 14
Dios les quitó el deseo, pero no las ganas

Es verdaderamente alarmante ver cómo en las últimas décadas se han incrementado los niveles de infidelidad sexual, especialmente en las mujeres. Posiblemente este aumento se deba al surgimiento explosivo de redes sociales como Facebook, WhatsApp, Twitter, Snapchat, Instagram, Tik Tok; por mencionar algunas que han permitido que los hombres con alma de serpiente puedan acercarse a las mujeres con mucha facilidad y sin que prácticamente nadie vea que lo hacen.

Hoy en día no es necesario que las mujeres salgan de casa o del trabajo para que un viejo amigo las contacte y converse cara a cara con ellas, pues los teléfonos inteligentes conjuntamente con las redes sociales han formado la combinación perfecta para propiciar las condiciones ideales para caer en este tipo de tentaciones sexuales.

Solamente basta tener la curiosidad, ya sea de él o ella, de contactarse socialmente con el amigo o la amiga de la infancia o el novio o la novia de la juventud o con alguien que le gustó en el pasado para que el proceso de infidelidad comience a gestar el pecado; de lo demás se encarga eficazmente el diablo. Existe una enorme posibilidad de que este primer contacto social termine tarde o temprano en una relación sexual indebida.

Siempre he dicho que la prudencia es una virtud mucho mejor que la inteligencia, por lo que recomiendo especialmente a las damas que tengan mucho cuidado con el botón de "aceptar" de las redes sociales, ya que apretar este botoncito ya sea por jugar o curiosear, puede ser el principio del final de su feliz vida matrimonial. Mujeres sean prudentes, ni siquiera lo piensen, y este consejo también va para los hombres.

Las mujeres son sexualmente pasivas

Mientras una mujer no preste atención a las palabras seductoras de un hombre, es casi imposible que se active sexualmente. Esto se debe a que ellas reciben el estímulo sexual a través del sentido del oído; es decir, ellas no necesitan ver a un hombre desnudo o medio desnudo para prenderse en ganas, lo único que necesitan es escuchar frases de amor con mucho contenido sensual. Finalmente son estas frases seductoras las que esencialmente despiertan su interés de tener un acercamiento sexual.

Es importante saber que las mujeres son sexualmente pasivas o tranquilas antes y después de una relación sexual, pero en el momento exacto de la relación sexual no lo son; en ese preciso momento su pasividad desaparece totalmente y adoptan una actitud sexual extraordinariamente activa, reactiva y explosiva. Generalmente se comportan como si ellas tuvieran mil años sin hacer el sexo, pero una vez todo haya pasado, les regresa su pasividad y vuelven a actuar como si el sexo no existiera o como si no fuera algo vital e importante en la vida. Definitivamente es la ausencia del deseo en ellas lo que las hace actuar desinteresadamente al respecto.

La ausencia del deseo le da a las mujeres la capacidad de no sentir la necesidad de tener sexo; esto significa que pueden pasar toda su vida sin tener relaciones sexuales sin que eso les cause o sea un problema para ellas. No se puede negar que el sexo para las mujeres es algo importante, pero la verdad no es una prioridad en su vida. En este sentido se puede decir que el no tener actividad sexual no es algo que les preocupe, les desespere o les quite el sueño, pero una vez el hombre logra con éxito estimular sus ganas, no hay quien las pare, su actitud sexual cambia drástica y dramáticamente. Este comportamiento sexual desbordado y apasionado se debe a que, si bien es cierto que Dios les quitó el deseo a las mujeres, eso no quiere decir que también les quitó las ganas. Eso definitivamente es otra cosa.

La llave que les abre las ganas

Es muy importante que toda mujer sepa y comprenda perfectamente que la llave que las activa sexualmente son las palabra sensuales de amor que entran a través de sus oídos; en otras palabras, es por el oído por donde reciben el estímulo que las predispone y les despierta las ganas de sexo, por lo tanto, prestarle oído a las palabras sensuales a alguien que no es su esposo puede llegar a ser extremadamente peligroso. Les recomiendo que ni en broma ni por curiosidad lo hagan, ya que es por el oído por donde las mujeres son sexualmente vulnerables.

No hay que olvidar que Eva fue engañada por detenerse a platicar con la serpiente; lo peor de todo fue que ella le prestó atención a sus palabras y ese fue su gravísimo error. Esa conversación a la cual ella le prestó oído es la que al final la terminó persuadiendo para que comiera del fruto prohibido.

El diablo no ha cambiado para nada su estrategia para seguir engañando a las mujeres; su táctica sigue siendo la misma desde entonces hasta el día hoy. Mi advertencia para las mujeres es la siguiente: Ahora que usted ya sabe cómo el diablo opera para acercarse y engañar a las mujeres, no permita que nadie que no sea su marido le insinúe o le susurre al oído palabras sensuales de amor. Ni en broma lo permita.

Cuando las ganas se juntan

Es interesante saber que el único instante donde a los hombres se les quita el deseo sexual es en el preciso instante de la relación sexual; digo esto porque, ¿quién siente deseos de sexo si ya lo está haciendo? Seguramente que nadie, pues en ese instante lo que más necesita son ganas. Esto nos hace pensar que en el preciso momento de la relación sexual, tanto el hombre como la mujer son sexualmente iguales; es decir, ni la mujer está en desventaja por no tener el deseo sexual, ni el hombre está en ventaja sexual por tener el deseo. Las diferencias sexuales entre ambos se manifiestan con más claridad cuando no están haciendo el sexo; es durante ese periodo de tiempo cuando aparece el conflicto de los sexos con el famoso dilema de: Por qué él siempre quiere y ella no.

Es verdaderamente lamentable saber que el simple desconocimiento de la razón de por qué el hombre siempre anda hambriento de sexo y la mujer no, ha traído discusiones y conflictos muy serios dentro del matrimonio, muchos de los cuales tristemente han terminado hasta en divorcio. Todo esto sucede por no saber que las diferencias sexuales son causadas por el hecho de que la mujer no tiene deseo sexual debido a que Dios se lo quitó y se los dio a los hombres, es por eso que la mujer actúa como si el sexo no fuera algo importante y vital dentro de la vida matrimonial y el hombre actúa como si el sexo fuera lo único que existe y hay que hacer en la vida.

El sexo a los hombres les entra por los ojos

Existe una verdad que no se puede cambiar y es que a los hombres el estímulo sexual les entra por los ojos. Ellos rápidamente se ponen eléctricos con solo ver la sombra o la silueta de una mujer; es decir, no necesitan mucho para despertar su apetito sexual. En realidad no necesitan despertar nada, porque todo el tiempo traen deseos de sexo y con solamente ver, ya están dispuestos y listos para el sexo. Esta predisposición sexual se debe a que el deseo sexual en el hombre es como un sensor que se activa fácilmente a través de la vista y es el que los hace que quieran sexo las veinticuatro horas del día. Desde que Dios le quitó el deseo a Eva y se lo dio a Adán, hasta el día de hoy, esta particularidad sexual es y sigue siendo parte de la naturaleza de los hombres y es la que hace que ellos sean extremadamente sensibles a cualquier estímulo sexo-visual de una mujer. Esta desventaja, por así decirlo, es muy aprovechada por el diablo para tentar sexualmente a los hombres, ya que para desviar su atención y pensamiento solamente le basta con cruzarles por su camino a mujeres sensualmente vestidas o provocativas.

En estos tiempos donde la moda de las mujeres es vestirse cada vez con menos ropa, es decir, vestirse con pedacitos de ropa, el trabajo de tentación se le ha facilitado mucho más al diablo dado que el bombardeo sexo-visual lo hace en estos tiempos mucho más constante y frecuente, agresivo, directo y descarado. Es importantes que las esposas comprendan esta situación y ayuden a sus esposos a contrarrestar el efecto de estos ataques masivos, la manera más efectiva de hacerlo es que cuando ellos lleguen a casa, ya sea de la calle o del trabajo, las esposas le pongan atención prioritaria a la necesidad sexual de los esposos mucho más que a otra cosa, ya que existe la posibilidad de que lleguen a casa sexualmente torturados. Les recomiendo a todas las esposas que por el bien de sus matrimonios tomen con seriedad y responsabilidad esta recomendación, esto va a ayudar a sus esposos a resistir con mejor eficacia las tentaciones sexuales que el diablo le pone a la orden de la vista.

Capítulo 15
¿Cómo hizo Dios para quitarle el deseo sexual a Eva?

¿Sabía usted que a Eva en un principio no le venía la menstruación?; efectivamente así era. Ella antes de ser castigada por Dios, no sufría ni padecía de sangramiento menstrual.

Es importante recordar que uno de los castigos que Eva recibió por parte de Dios fue la pérdida de su deseo sexual. Para hacer que ella perdiera esta virtud, el Señor le incorporó un sistema que funciona como una válvula, la cual elimina por completo el deseo sexual. Esta válvula de escape de presión, por así decirlo, se llama hoy en día regla, menstruación o ciclo menstrual

Lo que básicamente el ciclo menstrual hace en las mujeres es quitar por completo la presión que estimula el deseo sexual; aparte de esto, también les sirve a las mujeres como calendario de fertilidad, ya que les marca el período en que pueden quedar embarazadas, que por lo general es entre el día diez y el día quince, contando desde el primer día de regla.

Dios redujo el tiempo de fertilidad de Eva

Las escrituras nos revelen claramente que antes de que Adán y Eva pecaran, Dios estaba muy interesado en que la tierra se llenara aceleradamente de humanos, es por eso que hizo a Eva sin ningún período de fertilidad, lo que quiere decir que ella era fértil todo el tiempo, a excepción del periodo de embarazo. Después de que Eva tuvo relaciones con Luzbel y quedó embarazada de él, Dios perdió mucho el interés en que la tierra se poblara rápidamente, por lo que tomó la decisión de disminuirle a Eva el tiempo de fertilidad, de veintiocho a prácticamente uno o dos días de cada periodo menstrual.

No cabe duda de que otra de las grandes virtudes que Eva tenía era su extraordinaria fertilidad. Sin exageración alguna, quedar embarazada de trillizos era algo más que normal para ella, lamentablemente esta virtud también la perdió por haber quedado embarazada del diablo.

A los hombres no les viene la regla

El deseo sexual es un factor que presiona a los hombres a pensar en sexo prácticamente todo el tiempo. Pareciera que este deseo, más que una virtud, es un castigo por el hecho de que es algo que produce en ellos una actitud compulsiva que los hace buscar diligentemente tener relaciones sexuales mañana, tarde y noche. Esta actitud que hace actuar a los hombres como si el sexo fuera la única cosa importante que hay por hacer en la vida, es porque a ellos no les viene la regla como a las mujeres. Esto significa que la única manera que los hombres tienen para liberar la presión sexual que produce este deseo es a través de la relación sexual; lamentablemente no hay ni existe en ellos otra forma de liberar esta presión. El tener solamente el sexo como válvula de escape es la principal razón por la que a los hombres se les hace prácticamente imposible quedarse solteros o sin mujer toda la vida.

Desde que Dios le quitó el deseo a Eva y se lo dio a Adán, ya no es la mujer, sino el hombre, el que lleva la presión y la responsabilidad de buscar la relación sexual. Esto hace pensar que, si Dios no le hubiera quitado el deseo a Eva, las mujeres se comportarían exactamente como los hombres se comportan sexualmente hoy en día.

Es de vital importancia que toda esposa comprenda que la única manera en que el esposo puede quitarse de encima la presión sexual que le impone el deseo es teniendo sexo; desafortunadamente no tienen la válvula de escape que las mujeres tienen, por lo tanto, deben de ser con sus esposos no un poco, sino bastante comprensivas y compasivas, pero sobre todo más consideradas y complacientes al respecto.

Si bien es cierto que pareciera que los esposos son unos enfermos sexuales por el hecho de querer hacer el sexo las veinticuatro horas del día, de ninguna manera es así en absoluto. Sin temor a equivocarme podría decir que la actitud sexual ansiosa de los hombres es parte intrínseca de su identidad y naturaleza.

La crueldad de castigar con sexo

Muchas esposas tienen el mal hábito de negarle el sexo a sus esposos por cualquier cosa. No estoy hablando de la excusa tradicional de cuando dicen: "Hoy no porque me duele la cabeza"; la negación a la que me refiero es la que usan muchas mujeres como mecanismo de presión y de manipulación para doblegar la voluntad y la autoridad de sus esposos. También con mucha frecuencia ocupan este tipo de opresión para aliviar los enojos, las cóleras, las molestias y los disgustos que sienten en contra de ellos. Lo grave de este tipo de conducta sexual represiva, por un lado es la frecuencia con que la hacen y por el otro es el hecho de que lo hacen por periodos de tiempo demasiado largos, en muchos casos hasta cinco días sin concederles sexo. Esto significa que prácticamente usan el sexo no como un recurso de deleite y satisfacción, sino como un recurso de castigo y opresión. Este tipo de conducta no es para nada sano dentro de ninguna relación matrimonial, por el contrario, esta práctica es dañina y destructiva, por lo tanto, le recomiendo de manera especial a todas las esposas que por ningún motivo utilicen la abstinencia sexual como látigo de castigo ni mucho menos como recurso para hacerle abusos sexuales represivos a sus maridos.

El abuso sexual que se hace sin sexo

Cuando una esposa intestinalmente e injustificadamente somete a su esposo a abstinencia sexual, este tipo de conducta puede considerarse como una agresión sexual y por ende puede clasificarse como un abuso sexual, ya que el hombre por naturaleza no está capacitado para pasar mucho tiempo sin hacer el sexo con su esposa. Su estabilidad física y emocional dependen mucho de su actividad sexual, es por eso que un esposo sexualmente bien atendido por su esposa es generalmente un hombre alegre, sensual, tranquilo, enérgico y motivado; por el contrario, un esposo sexualmente mal atendido es generalmente un hombre agresivo, amargado, infeliz, deprimido y desmotivado. Es por esta razón que se considera a la abstinencia represiva como una agresión sexual violenta y abusiva.

De todo corazón le recomiendo a las esposas que no se nieguen sexualmente a sus esposos simplemente por motivos que no tienen ninguna importancia o relevancia, ya que existe la gran posibilidad de que no solamente terminen dañando a sus esposos, sino también a sus matrimonio; por lo tanto, es estrictamente necesario que las esposas busquen y encuentren formas más sabias e inteligentes que les permitan influir en los esposos, ya que la abstinencia represiva definitivamente no es una alternativa sana, correcta, justa ni saludable.

Capítulo 16
El doloroso castigo de parir los hijos con dolor

"A la mujer dijo: Multiplicaré en gran manera los dolores en tus preñeces; <u>con dolor darás a luz los hijos</u>…". (Génesis 3:16)

La escritura anterior revela claramente que otro castigo que Eva recibió de parte de Dios fue el de dar a luz los hijos con dolor. Este castigo, al igual que el castigo del deseo sexual, nada tiene que ver con el hecho de haber comido del fruto prohibido, ya que el castigo previamente advertido por Dios por comer del fruto prohibido fue únicamente la muerte; por lo tanto, el parir con dolor es un castigo por otra falta de Eva que no tiene absolutamente nada que ver con el hecho de haber comido del fruto prohibido.

El embarazo prohibido de Eva

Ningún padre de familia le va a pegar a un hijo en sus partes íntimas por comerse una fruta sin permiso, lo más probable es que el castigo se lo aplique en las manos, pero no en la parte mencionada. Esta manera de castigar a los hijos se podría decir que es una conducta natural de todo padre de familia que casi siempre y por lo general busca relacionar el castigo con la falta cometida. Lo hacen así con el propósito de dejar grabado en la memoria del castigado el motivo o la razón por la que fue castigado y lograr de esta manera que nunca más vuelva a cometer el mismo error o por lo menos lo piense cien veces antes de cometerlo otra vez. Este castigo físico es básicamente un pequeño trauma que los papás dejan en la memoria de sus hijos para corregirlos y para crearles el temor de que si vuelven a cometer el mismo error, recibirán el doble del mismo castigo. Este criterio para castigar y corregir a los hijos es exactamente el mismo criterio de castigo que Dios aplicó a Eva cuando la castigó con los dolores de parto; ella fue castigada en sus preñeces porque su falta o su pecado tuvo que ver con el hecho de haber quedado embarazada de alguien que no era su esposo, pero lo más complicado y grave, y por lo que Dios tomó la decisión de no solamente castigarla con dolor sino de incrementarle los dolores extremadamente, fue porque de quien Eva se dejó embarazar fue nada más y nada menos que del diablo.

El grave pecado de Eva prácticamente rebasó la paciencia de Dios y lo enojó en gran manera, a tal grado que la castigó en sus preñeces de una forma traumática y severa. El propósito de Dios al castigar a Eva de esta manera fue en primer lugar que jamás olvidara la razón del porqué fue castigada y, en segundo lugar, dejar en ella el temor de volver a cometer el mismo pecado con el diablo otra vez.

Lo grave de quedar embarazada del diablo

Solamente el hecho de que Eva tuviera relaciones sexuales con el diablo ya era un error bastante grave y pesado, pero quedar embarazada de esa relación fue algo inadmisible que complicó verdaderamente la situación. Lo grave y delicado de este error fue que este embarazo afectó totalmente los planes de Dios. Uno de esos planes era el de llenar la tierra únicamente de la descendencia de Adán, por la razón de que Él lo creó a imagen y semejanza suya y quería que la tierra se llenara exclusivamente de seres semejantes a Él (Dios), pero el diablo salió a sembrar su maldad y engendró su simiente(semilla) en el vientre de Eva. Con esta maligna acción, el diablo estaba introduciendo su esperma(simiente), es decir, su descendencia en la genética humana, y esto no estaba en los planes originales de Dios.

No es difícil deducir que el esperma que engendró a Caín en el vientre de Eva definitivamente provenía del diablo, digo esto porque la maldad y el corazón mal intencionado de Caín en ninguna manera reflejaba la imagen y semejanza con Dios, pero sí reflejaba la imagen y semejanza con el diablo; de esto no hay ninguna duda.

Dios no mató a Eva, pero sí la castigó duramente

Dios fácilmente hubiera solucionado todo el desorden causado por Eva sencillamente quitándole inmediatamente la vida y hasta ahí hubieran llegado el problema y las malas intenciones del diablo, sin embargo Dios no lo hizo y la razón por la que no lo hizo fue porque Eva seguramente se arrepintió de corazón y le suplicó a Dios que la castigara pero que no le quitara la vida.

Una de las grandes virtudes de Dios es su gran misericordia y perdón, y es lo que salvó a Eva de la muerte instantánea, pero de ninguna manera se pudo escapar del castigo de Dios ni de las consecuencias de su pecado; estas consecuencias dolorosas las tuvo que sufrir el resto de su vida, especialmente a la hora de parir sus hijos.

Los siete meses de embarazo

Pareciere que uno de los números favoritos de Dios es el siete, ya que lo ha usado en la Biblia en centenares de ocasiones para determinar que una cosa o una persona ha alcanzado su momento de máxima formación, perfección o desarrollo. Por poner algunos ejemplos acerca del número siete: En siete días terminó Dios toda su creación; siete años de abundancia y siete años de escasez en Egipto; siete años tuvo que vivir el rey Nabucodonosor en el campo junto con los animales hasta que reconoció a Dios como el único Dios; siete veces tuvo Naamán que sumergirse en el río Jordán para ser sanado de lepra; Jesús dijo a Pedro que hay que perdonar hasta setenta veces siete. Solamente el libro de Apocalipsis menciona el número siete treinta y un veces para hablar de misterios como los siete caballos, los siete jinetes, los siete candeleros, los siete sellos, las siete estrellas, las siete iglesias.

A lo que quiero llegar con respecto al número siete es a lo siguiente: Conociendo los ciclos de tiempo que Dios usa para perfeccionar o completar sus procesos, no es difícil deducir que en un principio el ciclo de embarazo de Eva era de siete meses; este era el tiempo en que el bebé ya estaba completamente formado y podía salir sin causarle a Eva ningún dolor debido a su pequeño tamaño. Lamentablemente Eva fue castigada en su preñez y Dios, para causarle dolores al parir, lo que hizo fue aumentarle dos meses más al periodo de embarazo. Lo hizo así para que el feto creciera un poco más dentro del vientre, lo que significa que ya más grandecito, el bebé le causaría dolor al salir; esta es técnicamente la razón por la que muchas mujeres pegan gritos despavoridos de dolor a la hora de dar a luz a los hijos.

Hoy día el parir con dolor es parte de la naturaleza de las mujeres, pero en un principio no estaba diseñado así; el plan original de Dios era que parieran a los siete meses y sin dolor, pero debido a que Eva quedó embarazada del diablo, Dios la castigó poniéndole dolor a la hora de tener a los hijos. Para lograrlo, modificó el ciclo de embarazo de siete a nueve meses.

Capítulo 17
Y él se enseñoreará de ti

A muchas esposas les cuesta entender y aceptar el hecho de que el esposo es quien lleva la batuta de autoridad y dominio en el matrimonio. La realidad es que los esposos actúan de esa manera no porque ellos quieran intencionalmente hacerlo, sino porque esta actitud de dominio es producto de un castigo que Dios le dio a Eva. La porción de la escritura bíblica que describe este castigo es la siguiente:

"…y tu deseo será para tu marido, <u>y él se enseñoreará de ti</u>". (Génesis 3:16)

La parte final de la escritura anterior revela el último castigo que Eva recibió de parte de Dios y al igual que los castigos anteriores, este castigo también está relacionado con la falta que ella cometió. Esto significa que su error tuvo mucho que ver con el hecho de haber ejercido autoridad sobre Adán cuando no estaba autorizada por Dios para hacerlo; es decir, ella se tomó atributos de mando que en ningún momento Dios le había dado o asignado.

Dios la castigó por mandona

Cuando Dios instituyó el matrimonio con Adán y Eva, no estaba incluido el dominio del hombre sobre la mujer ni tampoco el dominio de la mujer sobre el hombre. Ambos habían sido autorizados por Dios, pero para señorear sobre los animales, peces, aves y bestias del campo, en ningún momento los autorizó para ejercer dominio del uno sobre el otro; es decir, ni Eva mandaba a Adán ni Adán a Eva. Así era la relación matrimonial en un principio, no existía tal cosa del señoreo.

Cuando Eva con voz de mando le ordenó a Adán que comiera del fruto prohibido, se puede ver claramente que Adán en ningún momento fue engañado por la bestia o por el diablo, sino que lo comió exigido y prácticamente obligado por Eva. Por haber Eva actuado de esa manera, Dios la castigó poniéndola bajo el dominio y señoreo de Adán. A partir de ese momento, las reglas del matrimonio cambiaron para siempre.

No es difícil deducir que, aunque Eva no tenía autorización de parte de Dios para mandar a Adán, de alguna manera ella sí ejercía cierto dominio sobre él. Se puede ver también que en cierta manera Adán se dejaba mandar porque le obedecía, hasta aquí no había ningún problema, pero la situación se agravó cuando Eva usó su actitud mandona para que Adán desobedeciera a Dios, ahí sí ella se sobrepasó y rebasó el vaso, e hizo que Dios se enojara y la castigara. La manera en que Dios lo hizo fue poniendo mando y dominio de Adán sobre ella.

En la actualidad el señorío del hombre sobre la mujer es parte de la naturaleza y la normalidad en la relación matrimonial, y de ninguna manera esto refleja que los hombres sean superiores a las mujeres ni tampoco es una señal de debilidad en ellas, en realidad esta actitud de dominio es el resultado de una decisión que Dios tomó para corregir la actitud mandona y malintencionada de Eva.

Es importante comprender que el señoreo dentro del matrimonio no es una idea caprichosa e intencional del hombre para tener control sobre la mujer, sino que es una estricta idea de Dios, por lo que oponerse o llevarle la contraria a esta decisión es como darse de cabezazos contra la pared, porque ya sea que la mujer quiera mandar a su esposo o ella intencionalmente no se deje gobernar por él, esta actitud de oposición va a causar conflictos serios que tarde o temprano van a terminar dañando la relación matrimonial; por lo tanto, por el bienestar y la salud del matrimonio, no es una buena idea ni recomendable desde ningún punto de vista que las esposas se opongan o se resistan al señoreo del esposo, porque es ir en contra de la voluntad de Dios y contra Dios nadie puede.

Eva se sintió la mamá de los pollitos

Dios creó a Eva con virtudes que Adán no tenía y que él necesitaba. Estas funciones especiales que Dios puso en ella eran tan únicas y excepcionales que la ponían de alguna manera en un nivel de ventaja sobre su esposo Adán. En ningún momento Dios le dio estas virtudes a Eva para que dominara a Adán, sino que se las dio para que lo ayudara en su diario vivir. Ese fue básicamente el propósito de Dios al crear a Eva, pero lamentablemente ella de alguna manera se aprovechó de las ventajas que tenía para hacer que Adán hiciera lo que ella quería.

No es que Eva se sintiera la mamá de los pollitos, sino que en verdad lo era; y no solamente de los pollitos, sino según Génesis 3:20, ella era la madre de todos los seres vivientes. El problema fue que Eva se sintió también la madre de Adán, se sintió tan mamá de él que llegó a un punto en que lo hacía para donde quería; tal parecía que Dios había creado a Adán para ayuda idónea de ella y no a ella para ayuda idónea de Adán.

Lo grave de todo fue que a Eva en su actitud de madre se le pasó la mano al ordenarle a Adán que comiera del fruto prohibido y a Adán se le pasó la mano también al obedecerle como si él fuera su hijo y no su esposo. Todas estas actitudes equivocadas fueron castigadas por Dios con el propósito de que nunca más lo volvieran a hacer o por lo menos tuvieran el temor de hacerlo otra vez.

¿Cómo serían ellas hoy si Dios no hubiera castigado a Eva por mandona?

¿Se ha puesto a pensar qué hubiera pasado si Dios no hubiera castiga a Eva por dominar y mandar a Adán? Seguramente ella hubiera continuado obligando y exigiendo a su esposo Adán a hacer cosas que fueran en contra de la voluntad de Dios.

Menos mal que Dios le puso un alto a Eva y puso autoridad sobre ella; ¿se imagina usted cómo serían las mujeres hoy en día si Dios no hubiera puesto señorío sobre ellas? Si aun cuando supuestamente los hombres tienen el señorío sobre las esposas, se puede ver cómo muchas esposas no se dejan y en sus actitudes agresivas de resistencia casi se escapan a comer vivos a sus maridos, ahora imagínese lo que hubiera pasado si Dios no las hubiera puesto bajo el señorío del hombre. Posiblemente hoy en día tratarían a sus maridos no como esposos, sino como esclavos.

¿Qué hizo Dios en Eva para que Adán pudiera señorearla?

Es muy probable que Adán obedeciera a Eva no porque era un hombre pacífico, amable, dulce y caballeroso, sino porque Eva estaba dotada de una fuerza física extraordinaria que, sumada a su virtud sexual y a su imponente belleza física, le daban a Eva las ventajas y las herramientas para hacer con Adán lo que ella quisiera.

No cabe duda de que Eva sí se aprovechó de todas sus virtudes para doblegar de alguna manera la voluntad de Adán, ya que lo hizo comer del fruto prohibido aun cuando él sabía que al hacerlo estaba desobedeciendo a Dios. Existe la posibilidad de que Adán accedió a obedecer a Eva más por temor que por amor a ella. De la manera en que haya sido, Dios la castigó poniéndole el señorío de Adán sobre ella.

Lograr que Eva se dejara señorear por Adán no iba a ser solamente porque Dios se lo dijera y ella fácilmente aceptaría y procedería obediente y voluntariamente a hacerlo, seguro que no. Para hacer que ella se sometiera a la autoridad de Adán, Dios la despojó de su fuerza física casi en su totalidad, ya que era a lo que de alguna manera Adán le temía y por lo que la obedecía. Con este cambio Eva dependía totalmente del cuidado y la protección de su esposo, y dado que ya no tenía la fortaleza física que tenía antes, ahora estaba expuesta a que un león o cualquier otro animal salvaje se la devorara. Esto significa que ahora dependía totalmente de Adán para sobrevivir.

Eva, al perder su fuerza, prácticamente dejó de ser la ayuda idónea de Adán. Dejó de serlo por la sencilla razón de que ahora ella era la que necesitaba y dependía de la ayuda y de la fuerza de Adán hasta para levantar la rama de un árbol.

Quitarle la fuerza física a Eva fue suficiente para que ella entendiera que nunca más iba a poder ejercer ninguna clase de dominio sobre Adán, ya que ahora debía someterse por las buenas y por las malas al señoreo de Adán.

El ganar dinero no les da derecho de mandar

Hoy día muchos matrimonios viven en una lucha constante de poder, convirtiendo el hogar prácticamente en un rin de pelea. Por un lado, el esposo luchando para no dejarse mandar y por el otro, la esposa resistiéndose con uñas y dientes para evitar a toda costa que el esposo ejerza dominio sobre ella. Esto se ha debido más que todo a que las esposas se han tomado la responsabilidad de trabajar para ayudar a sus esposos a mejorar las finanzas del hogar. Esta actitud heroica de ellas es realmente digna de admirar, pero tal parece que lo hacen a cambio de tener autoridad y dominio, y de alguna manera tener también ciertas libertades para ir a donde quieran sin tener que darles tantas explicaciones a sus amados esposos, como si ganar dinero les diera el derecho de no ser sumisas o les diera el permiso de ostentar al mismo nivel de autoridad del esposo.

El problema se pone más difícil cuando las esposas llegan a ganar más dinero que los esposos; muchas de ellas aparte de presentar una actitud de insumisión, ahora quieren someter a sus maridos bajo el señorío de ellas. Cuando esto sucede y llega hasta este punto, la relación matrimonial se deteriora a niveles muy penosos y lamentables ya que las peleas y los conflictos entre ambos se tornan en una constante, convirtiendo la vida matrimonial prácticamente en un infierno.

El hecho de que las esposas aporten a las finanzas del hogar no anula el misterio del señorío del esposo sobre la esposa, porque no es algo que dependa de la voluntad humana debido a que es un diseño Dios, por lo tanto, no hay nada que el ser humano pueda hacer al respecto para evitar que ese dominio suceda naturalmente.

A las esposas que se sacrifican y trabajan para ayudar a sus esposos en las finanzas del hogar, les aconsejo que actúen con inteligencia y sabiduría al no dejarse influenciar o inflar por el dinero que ganan, ya que podrían afectar significativamente el rol de señorío que Dios les dio a los hombres y que ahora es parte de su naturaleza. Así como a las mujeres les viene la regla sin que ellas puedan hacer algo al respecto, así mismo los hombres no pueden hacer nada para evitar señorearlas, ya que es algo que automáticamente sucede.

Capítulo 18
El día que Adán culpó a Dios

Uno de los peores defectos que una persona puede tener es el de culpar a otros de sus propias faltas y errores. Este tipo de conducta no es más que una actitud cobarde que busca que terceros se hagan responsables y paguen las consecuencias de sus propias equivocaciones.

Con frecuencia he escuchado a hijos culpar a sus papás de su pobreza, de sus adiciones al alcohol y las drogas, de sus actitudes violentas y agresivas, de sus fracasos en la vida, etcétera. También he escucha a personas culpar al gobierno, al presidente de su país, al alcalde de su ciudad e inclusive a Dios mismo de todas sus malas condiciones financieras, limitaciones y desgracias. Lo grave de todo es que este tipo de personas nunca se incluyen en su larga lista de culpables o responsables; es decir, se declaran inocentes de toda culpa y por lo general todo el tiempo se conmiseran de sí mismos reclamando a voces ser víctimas del sistema o del entorno sociofamiliar. Se puede ver con claridad que este tipo de personas culpa a otros con el propósito de justificar su torcida conducta y su falta de voluntad para salir adelante en la vida.

No estoy diciendo que el maltrato que tal vez muchos recibieron a temprana edad por personas malas y despiadadas no les va a afectar en la vida, claro que sí afecta y en mucho; lo que estoy diciendo es que no es suficiente justificación para convertirse en personas malas o personas sin deseos de hacer cosas excelentes y extraordinarias en la vida. El hecho de ser personas con pasados sufridos y difíciles no les da el permiso ni el derecho de no hacer nada por ellas mismas. En este sentido no es recomendable desde ningún punto de vista que las personas maltratadas y abusadas pasen toda la vida conmiserándose y sobándose las cicatrices de las heridas recibidas; es vital y necesario salir de ahí y agregarle mejores y emocionantes capítulos a la vida. Es importante entender y comprender que para lo único que sirven las malas y tristes experiencias vividas es para superarlas y no para que nos aplasten el resto de nuestra vida; ellas no pueden determinar nuestro destino ni nuestro estilo de vida.

La mujer que tú, tú, tú, me diste por compañera

¿Se ha preguntado alguna vez de dónde viene el arte de culpar a otros de nuestros propios errores? Los primeros en usar esta conducta despreciable lastimosamente fueron Adán y Eva, y fue exactamente el día en que Dios los confrontó acerca de que habían comido del fruto prohibido. Precisamente en ese momento, cuando ambos buscaron la manera de exonerarse de culpa para librarse del castigo de Dios, Adán culpó a Dios y a Eva; Eva culpó a la serpiente; la serpiente no pudo culpar a nadie porque Dios no le preguntó nada, pero estoy seguro que si le hubiera preguntado, hubiera culpado al diablo.

Cuando Dios le preguntó a Adán si había comido del árbol que Él le había mandado que no comiera, él no le respondió la pregunta, sino que su reacción inmediata fue en primer lugar culpar a Dios de su pecado y en segundo lugar culpó a su amada Eva. Ella, como una buena alumna de su maestro, culpó a la serpiente de que la había engañado. Ninguno de los dos quiso aceptar la responsabilidad de su pecado.

El pasaje bíblico que narra esta historia es el siguiente:

"¿Has comido del árbol del que yo te mandé no comieses? Y el hombre respondió: <u>La mujer que me diste por compañera me dio del árbol, y yo comí</u>. Entonces Jehová Dios dijo a la mujer: ¿Qué es lo que has hecho? Y dijo la mujer: La serpiente me engañó, y comí". (Génesis 3:11-13)

Si se escudriña cuidadosamente la escritura anterior, se puede ver claramente que al primero que Adán culpa de su pecado es al mismo Dios por haberle dado una mujer que le dio del fruto, como queriendo decir que si no se la hubiera dado, él jamás hubiera pecado, ya que esa mujer que le dio por compañera le ordenó que lo hiciera, por lo tanto, él no tenía la culpa de lo sucedido y si alguien tenía la culpa, ese no era él sino el que le dio a la mujer por compañera; es decir, Dios. Y de pasada también se llevó de encuentro a Eva culpándola de que ella le había dado del fruto y que por eso él había comido.

Lo triste de esta historia es que Adán, al incluir a Eva dentro de los culpables de su pecado, la arriesgó a que Dios en ese mismo instante le quitara la vida, y si Dios no lo hizo fue porque de alguna manera Adán lo hizo sentirse culpable. Esta acusación de Adán hacia Dios es una de las razones principales por las que Dios diseñó un plan de salvación, cuyo fin era básicamente limpiarlos de toda culpa, perdonarlos de su pecado y darles vida eterna. Cabe aclarar que el plan de rescate de Dios no solamente fue para Adán y Eva, sino también para toda la humanidad, ya que el pecado que ellos cometieron lo heredaron todos los seres humanos sin excepción alguna.

La gran generosidad de compartir las maldiciones

Cuando las bendiciones y la prosperidad llegan a la vida, por lo general nadie las comparte, ni siquiera con los familiares, parientes, vecinos y amigos más cercanos; mucho menos lo hacen con un desconocido. Dar migajas les parece demasiado. En los tiempos de las vacas gordas, la hospitalidad, la generosidad, la bondad, la caridad y las buenas obras no llegan a ser parte de su estilo de vida. Muchos de ellos llegan hasta el extremo de ser estreñidos y mezquinos hasta con ellos mismos, pero no vaya a ser que las maldiciones, las dificultades y los problemas financieros lleguen a su vida, que ahí sí se acuerdan de todo mundo, ya que quieren repartírselas a todo aquel que se les cruza en el camino. Ahí sí explotan en generosidad y bondad queriendo cargarle sus calamidades a quien se deje, cuando ellos nunca se tomaron ni la más mínima molestia de siquiera visitar a un enfermo o de llevarle un plato de comida a un necesitado, pero para juzgar y exigirle a los demás lo que ellos nunca hicieron sí son la excelencia.

El ser bueno y generoso para repartir desgracias y maldiciones y ser desagradecido, es otra horrible actitud humana que fue introducida al mundo por primera vez por Adán. Cuando Dios le dio a Adán a Eva por compañera, nunca Adán se acercó a Dios para siquiera decirle: "Gracias, Señor, por la hermosa mujer que me hiciste, porque ahora soy feliz y ya no hay tristeza ni soledad en mí". Adán solamente agarró a su doncella y se dio gusto con ella y no se acordó para nada de dar una acción de gracias para expresar gratitud a Dios por el precioso regalo que le había dado, pero cuando las dificultades y los problemas le llegaron, ahí sí se acordó de Dios, pero no para agradecerle o pedirle perdón por su pecado, sino para culparlo por haberle dado a Eva como compañera. No cabe duda de que su actitud acusadora buscaba a toda costa evadir la responsabilidad de su error con el fin de que Dios no lo castigara. Al final de nada le sirvió su intento porque Dios siempre terminó castigándolo.

Capítulo 19
Pruebas escriturales que demuestran que Caín no era hijo de Adán

No se necesita ser un teólogo para entender que de los errores que Eva cometió, dos de ellos tuvieron mucho que ver con sexo y preñez. Esto no es nada difícil deducirlo porque los castigos que Eva recibió por parte de Dios están estrechamente relacionados con los pecados y errores que cometió. Esto significa que si Dios castigó a Eva en sus preñeces, fue porque quedó embarazada de alguien que no era su esposo. Todo esto se puede entender fácil y sin ningún problema, sin embargo, es necesario comprobarlo y demostrarlo bíblicamente.

El embarazo por el que Dios castigó a Eva fue por el de su hijo Caín y constituye la misteriosa y profunda razón por la que Dios castigó a Eva en sus preñeces debido a que Caín no era hijo de Adán, pero como dije antes, esta afirmación hay que comprobarla y sustentarla escrituralmente.

Caín no aparece dentro de los descendientes de Adán

Es importante comprender que la única manera de transmitir descendencia de una generación a otra es a través del esperma del hombre; no hay ni existe otra forma de hacerlo. Esto significa que un hijo puede ser considerado descendencia de su padre si cumple dos condiciones: La primera es que el hijo esté vivo y la segunda es que el hijo haya sido engendrado por un esperma del que dice ser su padre; si no cumple estos dos requisitos, ese hijo no puede ser considerado como descendencia de su papá. He aquí la razón fundamental por la que ni Abel ni Caín aparecen en el registro genealógico de Adán. Abel no aparece por estar muerto y Caín tampoco aparece por no ser hijo biológico de Adán, y si no es hijo biológico no existe razón alguna por la que tendría que aparecer en el registro bíblico como su descendiente. La escritura bíblica en donde Caín no aparece como descendiente de Adán es la siguiente:

Descendientes de Adán

"Adán, Set, Enós, Cainán, Mahalaleel, Jared, Enoc, Matusalén, Lamec". (1 Crónicas 1:1-3)

Como se puede observar, ni Abel ni Caín aparecen en la descendencia de Adán. Abel no aparece porque ya no estaba vivo, pero Caín sí lo estaba, por lo que tendría que aparecer en la lista de descendientes. Si no aparece es por algo y ese algo es que genéticamente no era hijo de Adán.

El hecho de que Caín haya sido la oveja negra de la familia de Adán no es suficiente razón que justifique el no aparecer entre el listado de sus descendientes, sin embargo, no aparece por ningún lado y si no aparece es porque definitivamente Caín genéticamente no era hijo de Adán. Si la escritura bíblica no lo dice de la manera que yo lo digo es porque esto ha sido por muchos siglos un misterio profundo, y para poder verlo, comprenderlo y discernirlo, es necesaria mucha luz por parte de Dios.

Dice la Biblia en Números 23:19 que "Dios no es hombre para que mienta, ni hijo de hombre para que se arrepienta". Esto quiere decir que si Caín no aparece en la Biblia como descendiente de Adán es porque en realidad no era y si no lo era, quiere decir también que Caín no poseía la facultad genética para transmitir a la siguiente generación el ADN de Adán. Dios sabía todo esto y es por esta razón que no permitió que el nombre de Caín apareciera en las escrituras bíblicas como descendencia de Adán, porque si hubiera aparecido hubiera sido una mentira y Dios no miente ni puede mentir.

Tampoco Moisés puso a Caín como descendiente de Adán

Supongamos que al que escribió primera de Crónicas (que posiblemente fue Esdras) se le fue por alto o se le olvidó incluir el nombre de Caín en la lista de descendientes de Adán; sería el colmo o demasiada coincidencia si a otro autor de la Biblia le hubiera pasado lo mismo. Este es el caso de Moisés que tampoco incluyó a Caín dentro de los descendientes de Adán. Sería un error pensar que a Moisés también se le fue por alto o se le olvidó ponerlo.

El texto bíblico de Moisés que describe la descendencia de Adán es el siguiente:

"Éste es el libro de las generaciones de Adán. El día que creo Dios al hombre, a semejanza de Dios lo hizo. Varón y hembra los creó; y los bendijo, y llamó el nombre de ellos Adán, el día que fueron creados. Y vivió Adán ciento treinta años, y engendró un hijo a su semejanza, conforme a su imagen, y llamó su nombre Set. Y fueron los días de Adán después que engendró a Set, ochocientos años, y engendró hijos e hijas. Y fueron los días de Adán…" (Génesis 5:1-32)

Puede seguir leyendo hasta el versículo 32 y en ninguna parte de esta escritura aparece el nombre de Caín. Definitivamente la escritura se salta a Caín como descendiente y comienza la lista generacional de Adán desde Set. Es importe notar que todos los nombres escritos por Moisés hasta el versículo treinta y dos son exactamente los mismos nombres que se describen en primera de Crónicas. Esto termina de confirmar que no es casualidad que Moisés no haya incluido a Caín como descendiente de Adán, por lo tanto, si no lo incluyó es porque Moisés sabía por revelación de Dios que Caín no tenía ninguna conexión genética con Adán, por lo tanto, no había por qué incluirlo como su descendiente.

Es interesante observar también que en el texto de Génesis que relata la descendencia de Adán, Moisés describe a Set como un hijo a su semejanza e imagen, como queriendo dar a entender que Caín no se parecía ni físicamente ni espiritualmente a Adán. Esto hace pensar que existe la posibilidad de que Caín poseyera rasgos físicos y actitudinales que evidenciaban que genéticamente no tenía nada que ver con Adán. Es posible que uno de esos rasgos físicos que sobresalían en Caín y que de alguna manera ponían en duda la paternidad de Adán, haya sido la exagerada estatura que Caín poseía, que sumado con la maldad que lo caracterizaba, ponían de manifiesto que Caín se parecía más en imagen y semejanza al diablo que a Adán.

Una prueba bíblica contundente

Supongamos nuevamente que el autor de primera de Crónicas y Moisés coincidentemente cometieron el mismo error o el mismo olvido y se les pasó por alto incluir a Caín dentro de la descendencia de Adán. Existe una escritura bíblica que da a entender que es imposible que Caín haya sido genéticamente hijo de Adán; este texto revela además la procedencia paternal de Caín. Esta escritura es la siguiente:

"¿Acaso alguna fuente echa por una misma abertura agua dulce y amarga? Hermanos míos, ¿puede acaso la higuera producir aceitunas, o la vid higos? Así también ninguna fuente puede dar agua salada y dulce". (Santiago 3:11-12)

La Nueva Versión Internacional (NVI) lo explica un poquito mejor, y dice así:

"¿Puede acaso brotar de una misma fuente agua dulce y agua salada? Hermanos míos, ¿acaso puede dar aceitunas una higuera o higos una vid? Pues tampoco una fuente de agua salada puede dar agua dulce". (Santiago 3:11-12)

Prácticamente esta escritura elimina por completo la posibilidad de que Caín fuera hijo biológico de Adán debido a que Adán, como fuente de agua dulce y creado además a la imagen y semejanza de Dios (también fuente de agua dulce), no podía procrear un hijo que fuera tan malo como lo era Caín (fuente de agua amarga y salada). Según la escritura expuesta allá arriba dice que eso no es posible. Esto hace pensar que, si Adán tenía en su corazón semejanza a Dios en cuanto a bondad, dulzura, amor, paz y otros muchos más hermosos atributos de Dios, tanto Abel como Caín hubieran sido semejantes a Adán, pero tal parece que solamente Abel lo era, porque Caín tenía contenidos de maldad en su corazón que Adán no tenía, por lo tanto, no podía proceder de él. Si Caín hubiera sido hijo legítimo de Adán, también hubiera tenido todos sus preciosos atributos, pero no los tenía, porque si los hubiera tenido jamás hubiera asesinado a su propio hermano. La remarcada diferencia entre Abel y Caín pone en claro contexto que Caín venía de otra fuente de espermas muy distinta a la de su hermano Abel.

Caín, un engendro del diablo

El sentimiento de maldad que movió a Caín a la acción de asesinar a su hermano Abel, en absoluto no podía provenir de Adán ni mucho menos de Dios. Definitivamente ese fruto de maldad en su corazón procedía de una fuente totalmente distinta a la de su hermano, esa fuente de esperma no podía ser otra que la del diablo. Es por eso que Caín era tan malo y es él precisamente por lo que este libro se llama: "El esperma del diablo".

Solamente una persona que sea descendiente del diablo puede tener la capacidad de matar violentamente y a sangre fría a su propio hermano, y hacerlo sin sentir siquiera ni el más mínimo remordimiento o arrepentimiento; Caín lo hizo y son estas características de conducta que ponen en clara evidencia que Caín tenía más semejanza con el diablo que con Adán. Por lo tanto, no es difícil concluir que la capacidad maligna de Caín es porque sin lugar a dudas él era un engendro del diablo.

Capítulo 20
Dios lo castigó por dejarse mandar y por descuidar a Eva

A diferencia de Eva que fue castigada por mandona, Adán fue castigado por dejarse mandar por ella. Lo delicado de este asunto es que la orden que Eva le dio a Adán no era para que hiciera algo sin trascendencia o sin importancia, por el contrario, fue una orden que implicaba desobedecer a Dios. Esa orden a la que me refiero es a la que ella le dio a Adán con voz de mando de que comiera del fruto prohibido; lo grave de esta orden fue que Adán obedeció.

Adán sabía muy bien que si desobedecía a Dios, moriría; lo que él no sabía era que su muerte no iba a ser instantánea. Lo otro que Adán no sabía era que obedecer la orden de Eva lo haría merecedor de otros castigos adicionales que le acarrearían grandes consecuencias, las cuales le harían la vida de cuadritos durante el resto de su vida. Lo de morirse no iba a ser demasiado fácil para él, había también que sufrir por algún tiempo.

Los castigos que Adán recibió

Cinco en total fueron los castigos que Adán recibió por parte de Dios; cuatro por obedecer la orden de Eva y uno por comer del fruto prohibido, el cual fue la muerte física y espiritual.

Los cuatro castigos adicionales que Adán recibió ponen en clara evidencia que Adán cometió más errores que el simple hecho de haber comido del fruto prohibido. Estas faltas o errores lo hicieron justo merecedor de los castigos que recibió por parte de Dios.

Las escrituras bíblicas describen los castigos que Dios le dio a Adán de la siguiente manera:

"Y al hombre dijo: Por cuanto obedeciste a la voz de tu mujer, y comiste del árbol de que te mandé diciendo: No comerás de él; <u>maldita será la tierra por tu causa; con dolor comerás de ella todos los días de tu vida.</u> Espinos y cardos te producirá, <u>y comerás plantas del campo. Con el sudor de tu rostro comerás el pan</u> hasta que vuelvas a la tierra, porque de ella fuiste tomado; pues polvo eres, <u>y al polvo volverás</u>". (Génesis 3:17-19)

Lo misterioso de los castigos descritos en la escritura anterior es el hecho de que Dios maldice la tierra y no a Adán, como si la tierra hubiera sido la culpable de los errores de Adán, pero todo tiene un porqué y una explicación razonable. No es que Dios estuviera enojado con la tierra por las faltas cometidas por Adán, de ninguna manera; la tierra fue el medio efectivo que Dios usó para castigar a Adán. Se puede decir que Dios usó la tierra como un látigo de castigo para reprender las faltas y pecados de Adán.

¿Por qué Dios maldijo a la tierra y no a Adán?

Al decirle Dios a Adán: "Maldita será la tierra por tu causa", pareciera que el castigo no era para Adán, sino solamente para la tierra, pero la realidad es que sí lo era y por dos razones: La primera es porque Adán estaba hecho de tierra, esto significa que la maldición sí lo alcanzaba y lo alcanzaba de una manera directa, y no solamente a él, sino también a Eva porque ella estaba hecha de una de sus costillas, lo que significa que ella, de alguna manera, también sufriría las consecuencias de la maldición de la tierra, no con la misma agresividad y dolor con que las sufriría Adán, pero sí de alguna manera las sufriría también. La segunda razón por la que la maldición a la tierra sí era un castigo directo para Adán es porque forjar y trabajar la tierra era para él su hobby o pasatiempo favorito. Se divertía tanto forjando la tierra que llegó a un punto inclusive de descuidar a Eva.

Me atrevería a decir que la maldición a la tierra fue un castigo que le pegó a Adán más en el alma que en cualquier otra parte de su ser, debido a que después de que Dios la maldijo, trabajarla ya no fue tan entretenido ni divertido para él.

Adán perdió la semejanza con Dios

Cuando Dios maldijo la tierra, prácticamente la estaba debilitando; es decir, le estaba quitando la fuerza y las virtudes minerales. En ese sentido los árboles frutales nunca más volverían a ser fértiles y productivos como antes, ya que tendrían mucha dificultad para encontrar y extraer los nutrientes que necesitaban para producir el fruto. Dios, al quitarle a la tierra sus fuerzas y sus capacidades, por lógica también estaba debilitando y quitándole las fuerzas y capacidades a Adán, porque él estaba hecho de tierra. En este sentido, al perder Adán la vitalidad y la fuerza, por consiguiente también perdería las capacidades y virtudes físicas, mentales y espirituales que lo hacían semejante a Dios.

Es importante recordar que Adán estaba hecho a la imagen y semejanza de Dios, esto significa que estaba dotado de una gran cantidad de habilidades y capacidades extraordinarias, como por ejemplo: La capacidad de llamar a Eva sin necesidad de hablarle; hablar y señorear a los animales; caminar sobre las aguas; moverse a gran velocidad por tierra, agua, aire; moverse por debajo de las aguas; hablar con Dios directamente; inmunidad a las enfermedades, al dolor y al envejecimiento; esto por mencionar solamente algunas, pero la lista podría seguir.

Adán era semejante a Dios en todo, menos en capacidades y atributos que son exclusivamente de Dios, tales como: La capacidad de creación, la omnipresencia, la omnipotencia, la omnisciencia, la perfección, la capacidad de resucitar y vivir eternamente; en estos atributos Adán no se parecía en nada a Dios, de ahí en adelante, en lo demás sí era semejante.

Lamentablemente, cuando Dios maldijo la tierra, Adán se debilitó tanto que perdió toda semejanza con Dios, lo que significa que ya nunca más pudo hacer lo que podía hacer antes, y lo peor de todo es que el dolor, la enfermedad, el envejecimiento y la muerte ahora ya podían alcanzarlo.

Si bien es cierto que Adán perdió su semejanza con Dios, eso no quiere decir que perdió su imagen a Dios. Esta no fue afectada por la maldición y hasta el día de hoy todos los seres humanos aún la conservan.

El castigo de comer el pan de cada día con dolor

Antes de que Dios maldijera la tierra, Adán no tenía que hacer absolutamente nada para comer de los frutos que producía el huerto del Edén. Estos frutos eran tan especiales que poseían los nutrientes suficientes y necesarios para alimentar y fortalecer los cuerpos fortificados de Adán y Eva, los cuales requerían una dieta alimenticia fuera de lo que hoy en día es normal. Sus cuerpos eran tan fuertes y especiales que Dios tuvo que plantarles un huerto que producía el alimento especial que sus cuerpos requerían, esto significa que no comían cualquier cosa ni cualquier fruta.

Cuando Dios castigó a Adán diciéndole que con dolor comería de la tierra todos los días de su vida, no le estaba diciendo que le dolería el estómago cada vez que comiera, claro que no, lo que en realidad le estaba diciendo era que si antes le era fácil llevarse una fruta a la boca, de hoy en delante no iba a ser tan fácil; en primer lugar porque iba a ser expulsado de la fábrica de comida, es decir, del huerto del Edén, y en segundo lugar porque ya fuera del huerto y con la tierra maldecida, ahora a los árboles se les iba a poner difícil echar hojas, no digamos frutos, por lo tanto, de ahora en delante Adán tenía que rebuscarse, espinarse y golpearse para poder llevarse un bocado a la boca.

Se le puso tan difícil y fatigoso a Adán el comer todos los días, que llegó a un punto de decidir comer plantas del campo tales como el cilantro, la coliflor, la lechuga y el perejil, por mencionar algunas. Lo difícil y duro para él es que cada vez que comía de estas plantas, le hacían recordar con tristeza cómo era su vida en el huerto del Edén.

El gran error de Adán

No cabe ninguna duda de que los castigos que Adán recibió están directamente relacionados con los errores que cometió, esto significa que si lo castigó con la comida y el trabajo, es porque por ahí se equivocó.

En mi humilde y casi siempre equivocada opinión, pienso que el grave error que Adán cometió y que lo hizo merecedor del castigo de trabajar por el pan de cada día, fue que él descuidó a su esposa Eva por dedicarse a labrar el huerto del Edén cuando no había necesidad alguna de hacerlo porque el huerto producía suficientes frutos para comer; es decir, no era necesario obligar o forzar la tierra para que produjera fruto porque ella lo hacía sola, sin embargo, Adán se afanó extremadamente hasta sudar y fatigarse, como que si su existencia o su vida dependieran de trabajar la tierra.

Fue tanto el afán de Adán por trabajar en el cultivo de la tierra, que llegó a un punto de dejar sola a Eva por largos periodos de tiempo, posiblemente semanas enteras. Este descuido lo aprovechó el diablo para acercarse a Eva y asediarla sexualmente. Podría decirse que este grave error de Adán colaboró en gran manera para que el diablo arruinara por completo el plan que Dios tenía para Adán y Eva, y para toda la humanidad. Básicamente descuidar a Eva por trabajar cuando no había ninguna necesidad de hacerlo, fue lo que provocó el enojo de Dios en contra de Adán y por lo que lo reprendió con el trabajo como castigo.

El mensaje que Dios le quería dar a Adán al castigarlo con el trabajo es el siguiente: Que por haber trabajado por comida cuando no había necesidad alguna para hacerlo y por haberlo hecho hasta el punto de descuidar a su mujer, ahora sí que le iba a tocar hacerlo, pero esta vez no como opción para entretenerse o divertirse, sino como una obligación, y no por un periodo corto de tiempo, sino por el resto de su vida. Para que se le dificultara mucho más el comer y el trabajar, Dios maldijo la tierra para que a las árboles se les dificultara producir fruto aun cultivándolos y cuidándolos. Con este castigo sería suficiente para que a Adán se le complicara la vida y le sudara trabajando no solamente el rostro o la frente, sino todo el cuerpo. Dios quería asegurarse de que Adán recordara su falta o su error cada vez que sudara, se fatigara o se lastimara las manos con las espinas y cardos buscando la comida de cada día.

Estoy seguro de que Adán hubiera preferido que le viniera la regla cada veintiocho días y no cargar con el castigo de trabajar por el pan de cada día, debido a que se le complicó tanto llevarse una fruta a la boca, que llegó a un punto de decidir comer animales del campo. Lo triste y complicado de hacer esto fue que muchos de esos animales eran sus mejores amigos. Para que tenga una idea de lo difícil que fue para Adán hacer esto, es como si Pedro Picapiedra se hubiera comido a Dino. Eso es exactamente lo que tuvo que hacer Adán para poder comer y no morir de hambre, ni él ni su familia.

Dejarse mandar por Eva y descuidarla por el trabajo es un precio alto que Adán tuvo que pagar con sudor, dolor y hambre el resto de su vida; castigos que hasta el día de hoy siguen pagando todos los hombres, especialmente aquellos que son esposos y padres de familia responsables.

Capítulo 21
El castigo de trabajar por el pan de cada día

Uno de los castigos más severos que Adán recibió por parte de Dios fue el tener que trabajar todos los días por el resto de su vida para poder comer él y toda su familia. La escritura bíblica lo dice de la siguiente manera:

"Con el sudor de tu rostro comerás el pan hasta que vuelvas a la tierra, porque de ella fuiste tomado; pues polvo eres, y al polvo volverás". (Génesis 3:19)

Es importante comprender que todos los castigos que Adán y Eva recibieron por parte de Dios, constituyen hoy en día las normas y leyes que gobiernan el matrimonio entre un hombre y una mujer. Querer cambiar o modificar este diseño establecido por Dios allá en el Edén, es como querer romper una pared a golpes de cabeza; al final lo único que se logra al intentarlo es quedar lastimado.

Muchas esposas, por ejemplo, se resisten y se oponen al señoreo de sus esposos. Otras buscan por todos los medios arrebatarles la autoridad para ser ellas las encargadas de ejercer el señoreo sobre ellos. Lo lamentable de todo esto es que lo único que han logran al hacerlo o al intentarlo, es crear conflictos que terminan seriamente dañando el funcionamiento normal del matrimonio.

De igual manera sucede por ejemplo cuando una esposa decide tomarse la responsabilidad de trabajar fuera de casa para ayudarle a su marido en las finanzas del hogar. Cuando esto sucede el matrimonio es afectado drásticamente debido a que la función de trabajar no es una función diseñada para las esposas, sino una responsabilidad exclusiva de los esposos, y no porque esto sea una idea de ellos, sino porque es un decreto legislativo de Dios, por lo tanto, violar o desobedecer esta ley permitiendo que las esposas carguen con la responsabilidad de trabajar es desobedecer el mandato de Dios y el desobedecerlo no es una buena idea, ya que trae consigo grandes consecuencias que no son para nada positivas ni beneficiosas para el matrimonio.

Trabajar por el pan de cada día es trabajo de hombres, no de mujeres

Es de vital importancia entender que el trabajar por el pan de cada día no fue un castigo para las mujeres, sino para los hombres. Dios fue bien específico y claro al castigar a Adán diciéndole: "Con el sudor de tu rostro comerás el pan hasta que vuelvas a la tierra". La palabra "sudar" significaba e implicaba para Adán que tenía que trabajar sí o sí para conseguir la comida y no solamente para él, sino para su esposa y sus hijos también. Es decir, trabajar no iba a ser para él nunca más una opción, sino una obligación; no por un día ni dos, sino para todo el resto de su vida.

En ningún momento el castigo de trabajar por el pan todos los días de la vida incluía a Eva. Digo esto porque ya ella había recibido sus castigos antes que Adán recibiera los de él, por lo tanto, este castigo no era un castigo para los dos, sino un castigo exclusivamente para Adán, y es por lo que hasta el día de hoy esta responsabilidad, guste o no, sigue siendo parte de la naturaleza e identidad de los esposos como cabeza de la familia. Intentar cambiar o adulterar este diseño de Dios es meterse en serios problemas, y es exactamente lo que muchos esposos han hecho al permitir que sus esposas salgan a trabajar para ayudar a las finanzas del hogar. El problema grave de permitir esto no es simplemente que ellas salgan a trabajar, sino es el hecho de que la sociedad hoy en día lo ha convertido en una obligación o una responsabilidad normal de las esposas; es decir, ni los esposos ni nadie ven esta noble labor de ellas como una ayuda a los esposos, sino que lo consideran como una obligación normal dentro del matrimonio.

De mujer biónica a mujer maravilla

No existe sueldo que alcance para pagar todo el trabajo que las esposas hacen dentro de la casa. Es verdaderamente admirable la sacrificada vida que llevan que va desde cuidar, atender y soportar al marido y a los hijos, hasta limpiar y ordenar todo el desorden que dejan a su paso. Verdaderamente ellas son mujeres biónicas porque trabajan los siete días de la semana sin derecho a enfermarse ni a quejarse, no tienen horario de entrada ni salida, ni días libres ni festivos. Si salen de vacaciones andan siempre trabajando pendientes y cuidando del esposo y los hijos, el único tiempo en que descansan es a la hora de dormir, el resto del tiempo lo trabajan. Lo triste de todo esto es que muchas de ellas ni siquiera reciben el más mínimo reconocimiento por parte de sus amados y guapos esposos. Algún parecido con algún esposo que esté leyendo este libro es pura coincidencia.

Muchos esposos tienen la mala costumbre de decir que sus mujeres no trabajan por el simple hecho de quedarse en casa y por no ganar un sueldo, lo terrible es que no solamente lo dicen, sino que lo creen, lo gritan y lo presumen a los cuatro vientos, haciendo sentir a sus mujeres humilladas y menos importantes que ellos. Lo más grave de todo esto es que por ser ellos los que ganan un sueldo o llevan dinero a las arcas del hogar, se sienten con el derecho de racionarles y limitarles el dinero a las esposas, como si ellas no se lo ganaran por trabajar en casa sin descanso los trescientos sesenta y cinco días del año.

Por su resistencia y su capacidad de aguante, no cabe duda de que las esposas son mujeres biónicas, pero se convierten en mujeres maravilla cuando aparte de trabajar en casa sin días de descanso, todavía salen a trabajar para ayudarles a sus esposos con las finanzas del hogar. Esto es verdaderamente digno de admirar en ellas y digno también de quitarse el sombrero ante su presencia, porque para tener la capacidad, las energías y las fuerzas para salir a trabajar y luego llegar a casa cansada para continuar trabajando, hay que ser de verdad no una mujer biónica, sino una mujer maravilla en la vida real.

El colmo de los colmos

Debido a la necesidad y a la nobleza de su corazón, muchas esposas salen de casa a trabajar para ayudar a sus maridos con las finanzas del hogar. Al hacerlo, prácticamente se han echado encima un castigo que no es ni ha sido nunca de ellas, sino que ha sido por siempre de sus esposos. El colmo de todo esto es el hecho de que sus maridos han convertido esta noble ayuda en una obligación matrimonial, como si el castigo de trabajar por el pan hubiera sido un castigo para ellas. El colmo de los colmos es que muchas esposas no reciben de parte de sus esposos el reconocimiento justo y merecido de su heroica labor. Lo más decepcionante es que ni siquiera reciben de parte de ellos la más mínima ayuda y consideración, ya que llegan del trabajo a seguir trabajando sin descanso, mientras los hermosos esposos siguen viendo la televisión, esperando a que les sirvan la cena.

Si bien es cierto que es imposible que los esposos les ayuden a sus esposas a parir un hijo para echarles la mano con uno de sus castigos o para por lo menos devolverles el favor de que les ayudan a trabajar para ganar el pan, eso no significa que no se les pueda ayudar de otra forma. Una excelente manera de agradecerles y mostrarles gratitud por el trabajo que realizan dentro y fuera de casa es no hostigarlas ni ser una carga pesada para ellas, y la manera de no serlo es ayudándoles lo más que se pueda en los quehaceres de la casa. Una buena acción dice muchísimo más que diez ramos de rosas y cien poemas de amor.

El permitir que las esposas trabajen fuera de casa tiene un precio que los esposos no están dispuestos a pagar, pero sí las esposas lo van a querer cobrar a como dé lugar. Ese precio trae consigo problemas y conflictos dentro de la relación matrimonial muy difíciles de solucionar.

El conflicto del dominio

El conflicto del dominio es una lucha de poder entre el esposo y la esposa por señorear y mandar dentro del matrimonio, y surge cuando ella se convierte en un soporte financiero del hogar. Es ahí donde las esposas comienzan a poner resistencia al señoreo de sus maridos. La situación se pone aun más grave cuando ellas llegan a ganar más dinero que ellos; cuando eso sucede, ellas llegan a un punto de sentirse con el derecho hasta de ejercer dominio sobre los esposos, es decir, de mandarlos. Esta actitud de rebeldía es el precio que hay que pagar por dejarlas trabajar.

El conflicto por el dominio no es más que un trastorno matrimonial provocado por transgredir y quebrantar el diseño de Dios establecido allá en el Edén. Las escrituras revelan claramente que el trabajar por el pan de cada día es responsabilidad exclusiva de los hombres y no de las mujeres, por lo tanto, adulterar, modificar o no obedecer esta orden de Dios, tarde o temprano acarrea consecuencias que terminan dañando seriamente las relaciones matrimoniales.

El bocado predilecto del diablo

Si hay alguien en el mundo que está extremadamente interesado en que las esposas salgan a trabajar, ese alguien es el diablo, y lo está porque él bien sabe que es una gran oportunidad para someter a las esposas a las mismas situaciones y condiciones de soledad a las que sometió a Eva para tentarla y asaltarla sexualmente.

La forma de operar del diablo para destruir matrimonios no ha cambiado en siglos, sigue siendo la misma y no va a cambiar porque le ha funcionado. Esto de que las esposas trabajen fuera de casa, propicia al diablo las condiciones perfectas para hacer su maligno trabajo de tentación, debido a que sus esposos no están cerca de ellas.

Los mejores prospectos del diablo son aquellas esposas que salen a trabajar vestidas con pedacitos de ropa o con vestiduras ajustadas o pegadas que marcan la silueta de sus cuerpos; la mayoría de ellas lo hacen como algo normal o algo que es parte de su código de vestir, ignorando totalmente el peligro diabólico al que se exponen y exponen a otros. De cualquier modo este tipo de mujeres son el bocado predilecto del diablo, debido a que diariamente son bombardeadas con miradas y cumplidos, muchos de ellos mal intencionados, los cuales tarde o temprano terminan poniendo a las esposas en situaciones difíciles y sexualmente riesgosas. Esto no significa que las que se visten de manera rescatada no estén expuestas al mismo peligro, claro que sí lo están también, pero las mujeres que casi salen desnudas a trabajar son las preferidas por el diablo para ser devoradas al menor descuido. Lo que el diablo siempre va a buscar más que cualquier cosa es propiciar un momento en donde ellas estén solas para que alguien llegue a ellas con palabras seductivas, suaves y bonitas, y lograr de ese modo meterlas en tentación, así como lo hizo con Eva. Es de vital importancia que las esposas eviten al máximo este tipo de situaciones, ya que lo que el diablo siempre está esperando es una mínima oportunidad para destruirles su matrimonio.

Si las esposas quieren ayudar a sus esposos a ganar el pan de cada día, salir a trabajar no es la única opción. Hoy en día, las facilidades que ofrecen el internet y el avance de la tecnología comercial en línea son grandes oportunidades que pueden ser muy bien aprovechadas por las esposas para hacer llegar finanzas al hogar. Otra forma es trabajar con los esposos en trabajos subcontratados o en sus empresas o negocios en donde siempre estén ellos físicamente presentes a la par con ellas trabajando. Tal vez no sean las mejores alternativas que existan, pero sí son opciones mucho más prudentes y seguras que salir solas a trabajar fuera de casa.

Para las esposas valientes y maravillosas que ya trabajan fuera de casa, les aconsejo de todo corazón que lo hagan con mucha prudencia tanto en la manera de comportarse en el trabajo, como en la forma de vestirse para el trabajo. Traten de evitar hasta donde sea posible quedar a solas con el jefe o con un compañero de trabajo, si no es necesario o estrictamente parte de su trabajo, no lo hagan. Esto les ayudará a resistir al diablo y a evitarse un millón de problemas. Recuerden que el diablo siempre va a buscar una pequeña oportunidad, el dársela puede ser fatal para su matrimonio.

Capítulo 22
Los cuatro castigos que la serpiente recibió

El último castigado de los involucrados en la gran tragedia del Edén, fue la serpiente; no por ser un animal se libró de los castigos de Dios.

Cuando Eva fue confrontada por Dios por haber comido del fruto prohibido, inmediatamente ella culpó a la serpiente de haberla engañado y como la serpiente no estaba autorizada para hablar con Dios, no pudo defenderse de la acusación de Eva. No le quedó otra que recibir los castigos de Dios sin poner ninguna objeción, pero estoy seguro de que si Dios le hubiera permitido hablar, se hubiera defendido con uñas y dientes de la acusación de Eva.

Cuatro fueron los castigos que Dios le dio a la serpiente por haber engañado a Eva. Las escrituras bíblicas los revelan de la siguiente manera:

> "Y Jehová dijo a la serpiente: Por cuanto esto hiciste, maldita serás entre todas las bestias y entre todos los animales del campo; sobre tu pecho andarás, y polvo comerás todos los días de tu vida. Y pondré enemistad entre ti y la mujer, y entre tu simiente y la simiente suya; ésta te herirá en la cabeza, y tú le herirás en el calcañar". (Génesis 3:14-15)

La escritura anterior revela que la serpiente recibió cuatro castigos por haber engañado a Eva. No es difícil llegar fácilmente a la conclusión de que Dios castigó a la serpiente usando el mismo criterio de castigo que ocupó para reprender a Adán y Eva, el cual es básicamente aplicar el castigo en el lugar exacto por donde se equivocaron. Esto deja bien claro que la buena relación de amistad de la serpiente con Eva, sus múltiples y grandes patas, y la acción de comer, fueron elementos usados por la serpiente para hacer pecar a Eva, y es por esta razón por la que Dios la castigó severamente quitándole la amistad con Eva, las patas y la comida.

Por la severidad de los castigos que la serpiente recibió por parte de Dios, no hay ninguna duda de que el protagonismo de la serpiente en el pecado del huerto del Edén fue crucial y determinante para que ese pecado sucediera, el cual vino a cambiar para mal no solamente la vida de Adán y Eva, sino la vida de toda la humanidad; es por esta razón que Dios la maldijo.

Por algo Dios la dejó sin patas

Si de algo la serpiente podía presumir era de sus enormes y fuertes patas, ya que estas eran capaces de cargar a Adán y Eva juntos, y aun así podía correr a gran velocidad.

No está de más decir que la serpiente tenía la apariencia de un dragón, pero sin alas. La realidad es que la serpiente era un animal verdaderamente feo. La única ocasión en que esta bestia se veía sofisticada y un poco elegante era solamente cuando Eva lo montaba, pero cuando no lo hacía este animal se veía horriblemente bestial.

La razón principal por la que Dios dejó sin patas a la serpiente fue porque las usó para propósitos mal intencionados; es decir, ocupó sus extremidades para llevar a Eva con mucha frecuencia al lugar donde estaba el árbol del fruto prohibido. Muchas de esas veces la serpiente la llevó, aun cuando ella no le decía o le pedía que lo hiciera. Esto pone en evidencia que la serpiente actuaba así porque buscaba con astucia e insistencia la manera de provocar o incitar a Eva para que comiera del apetitoso fruto. Se podría decir que la mala intención de la serpiente de usar sus fuertes y veloces patas para llevar a Eva al lugar del pecado, fue lo que hizo que Dios se enojara y se las quitara.

Dios, al quitarle las patas a la serpiente, modificó por completo su aspecto físico; prácticamente la cambió de bestia a reptil. Este cambio le quitó a la serpiente todas las virtudes físicas que tenía y al no tenerlas más, se convirtió prácticamente en un animal inútil e inservible para Eva.

Dios la mandó a comer tierra de por vida

Mandar a la serpiente a comer tierra de por vida como parte de su dieta alimenticia fue el segundo castigo que la serpiente recibió por parte de Dios, y la razón por la que Dios la mandó a comer polvo fue porque la táctica que usó para engañar a Eva tuvo que ver mucho con el hecho de comer. Para ser más específico, lo que la serpiente hizo para ser castiga con la comida fue que ella comió del fruto prohibido para demostrarle a Eva que no era verdad lo que Dios le había dicho, que si comía de él moriría, y al ver Eva que a la serpiente no le pasaba nada al comerlo, ella le creyó y comió del fruto. Lo que Eva no sabía era que la razón por la que la serpiente no moría ni le pasaba nada al comerlo era porque la prohibición de comerlo era solamente para ella y Adán. La serpiente sabía esto y es por eso que lo comía sin miedo o temor alguno, pero por haberlo comido para mostrarle a Eva que nada pasaba y de esa manera engañarla, Dios se enojó y castigó a la serpiente, sentenciándola a que nunca más pudiera disfrutar de los dulces y deliciosos sabores de las frutas; es decir, las frutas nunca más fueron parte de su dieta alimenticia.

La gran amistad entre Eva y la serpiente se acabó para siempre

No es difícil deducir que entre Eva y la serpiente existía una amistad muy parecida a la que tiene un niño con su mascota. En una relación de esa naturaleza, no hay duda de que quien se beneficia y recibe más es la mascota, debido a que esta recibe de parte del niño cuidado, comida y atenciones. En ese sentido, a la hora de una separación forzosa, quien pierde más es la mascota. Pues eso es exactamente lo que le pasó a la serpiente cuando Dios la castigó diciéndole: "Y pondré enemistad entre ti y la mujer". Definitivamente quien perdió más con esta sentencia fue la serpiente, ya que perdió todas las atenciones especiales que recibía de parte de Eva.

Por usar la amistad para engañar a Eva y hacerle daño, Dios castigó a la serpiente quitándole la amistad de Eva y puso en sustitución una actitud de rechazo y repudio de Eva hacia ella. Fue tanta la enemistad que Dios puso en Eva, que llegó hasta el punto de aborrecerla y detestarla.

Para lograr que Eva repudiara a la serpiente, Dios puso en la serpiente características físicas que la convirtieron en un animal poco útil, nada atractivo y para nada interesante. Estas características que Dios puso en la serpiente, de alguna manera tienen bastante que ver con el hecho de que muchas mujeres hasta el día de hoy las rechazan, les temen y las aborrecen. A muchas mujeres les son tan repugnantes que estoy seguro de que preferirían tener como mascota a un zopilote antes que a una serpiente. Esta actitud de rechazo por parte de las mujeres hacia las serpientes tiene su origen y se debe básicamente al sentimiento de enemistad que Dios puso en el corazón de Eva, el cual la predispuso a rechazar a las serpientes y a todo lo que se parezca a ellas. No cabe duda de que el nuevo aspecto físico de la serpiente contribuyó mucho para que Eva no quisiera ni verla.

La guerra de las simientes

El último castigo que Dios le dio a la serpiente en realidad no estaba dirigido directamente a ella, sino a su papá el diablo, ya que cuando Dios le dijo que pondría enemistad entre su simiente y la simiente de la mujer, prácticamente lo que le estaba diciendo era que pondría enemistad entre su procreador (el diablo) y el creador de Eva; es decir, Dios mismo. Digo creador de Eva porque, a diferencia de la serpiente que era un ser procreado por un esperma del diablo, Eva no provenía de ningún esperma, sino que ella era el producto de una creación directa de las manos de Dios, lo que significa que su simiente era Dios. Todo esto nos hace concluir que el castigo de Dios de poner enemistad entre las simientes, fue definitivamente una declaración de guerra de por vida entre Dios y el diablo, en donde quien saldría siempre más herido y dañado sería el diablo, ya que Dios lo sentenció diciéndole que cada vez que hubiera una batalla, Él lo heriría en la cabeza y él (el diablo), lo heriría a Él(Dios) en el calcañar, queriéndole decir con esto que su daño (hacia Dios) sería insignificante comparado con la herida letal que él (el diablo) recibiría en su cabeza.

En mi opinión, que por cierto siempre deja mucho qué desear, la manera en que el diablo es herido en su cabeza es cuando un ser humano se arrepiente y recibe en su corazón a

Jesús como Señor y Salvador de su vida. Esta acción representa una herida en su cabeza porque cada vez que alguien es salvo, el diablo pierde a un hijo y esto es doloroso para él, porque en su maldad paternal él quiere llevar a todos sus hijos al infierno, pero cuando este hijo se le revela y renuncia a su paternidad y dominio a través de la salvación del Señor Jesús, él ya no puede hacer nada porque ya no tiene potestad sobre el salvado. La manera en que Dios es herido en el calcañar es cuando el diablo le impide a un ser humano ser salvo; es decir, cuando con mentiras y engaños le pone toda clase de obstáculos para que no vea ni entre en el reino de los cielos. En este sentido, Dios es herido en su calcañar por el rechazo que Él siente cuando un ser humano no recibe su amor, su perdón y su gran sacrificio en la cruz. Otra manera en que el diablo hiere a Dios en su calcañar es cuando hace caer en tentación y pecado a los que ya son salvos. La mala noticia para el diablo es que por cada mil que él hace caer, son diez mil los que Dios levanta nuevamente.

No cabe duda de que el diablo introdujo su derecho paternal en la humanidad a través de la procreación de Caín, y no cabe duda tampoco de que fue el autor intelectual del pecado del huerto del Edén. Toda esta maldad que el diablo hizo, lo hizo merecedor de que Dios lo sentenciara a ser herido en su cabeza de por vida, o por lo menos mientras la humanidad exista en la tierra.

Capítulo 23
La gran tragedia del huerto del Edén

Dos situaciones trágicas acontecieron en el huerto del Edén, y ambas constituyen lo que yo llamo: La gran tragedia del huerto del Edén. La primera fue que la muerte entró a la humanidad a raíz de que Adán y Eva desobedecieron a Dios al comer del fruto prohibido. La segunda situación trágica fue que el diablo introdujo su ADN en la raza humana utilizando sexualmente a Eva para incubar en ella su esperma, del cual fue procreado Caín, quien fue el medio para esparcir su genética en toda la humanidad.

Tanto la muerte como el esperma del diablo condenaron a la humanidad a vivir separados de Dios para siempre aun después de morir físicamente.

La intención del diablo al procrear a Caín fue usurparle a Dios el derecho paternal sobre toda la humanidad. Él sabía muy bien que introduciendo su maligna descendencia impondría no solamente su derecho paternal, sino también su dominio sobre toda la raza humana.

La interferencia genética del diablo puso a la humanidad en una situación muy difícil y complicada. Nos guste o no, esta relación sanguínea con él prácticamente condena a la humanidad al infierno, no solamente por el hecho de que la maldad corre por las venas de los humanos, sino también porque el diablo se va a asegurar de que los humanos estén juntamente con él, en el mismo lugar de cautiverio y tormento preparado para él y sus demonios. Así de malo es el corazón del diablo y posiblemente así de malo es también el de todos los seres humanos por el hecho de llevar en la sangre su maligna descendencia.

Y ahora, ¿quién podrá salvarnos?

No hay duda de que la gran tragedia del huerto del Edén puso a toda la humanidad en un estado de condena y de sufrimiento continuo, y no había nada que humanamente se pudiera hacer para cambiar esta triste y dura realidad, pero Dios sí podía hacer algo al respecto y en su gran amor por los seres humanos diseñó un plan de salvación, el cual ejecutaría personalmente. Este plan consistía básicamente en que el mismo Dios vendría a la tierra en forma de humano a morir crucificado, para que a través del derramamiento de su sangre los seres humanos pudieran nacer de nuevo, esta vez libres de la muerte y del ADN del diablo.

Así fue como Dios, en la forma de Jesús, vino a la tierra para salvar al mundo de la muerte y del infierno, y para liberarlos de la paternidad y del dominio del diablo. Este acto heroico de rescate es básicamente la principal razón por lo que a Jesús se le llama El Salvador.

El poder detrás del nombre de Jesús

Etimológicamente el nombre de Jesús significa "Dios salva". Este significado revela quién realmente era y es Jesús, y revela también la razón o motivo de su advenimiento a la tierra. Fácilmente, por el significado del nombre, se puede decir con seguridad y sin temor a equivocarse que Jesús es Dios y que la razón de su venida fue en primer lugar para salvar a la humanidad de que el infierno fuera el destino final de su existencia, y en segundo lugar para llevar a todos los salvos a un mejor y maravilloso lugar llamado el cielo, en donde pueden vivir en su presencia eternamente y para siempre.

La escritura que revela el poder que hay detrás del nombre de Jesús es la siguiente:

"Este Jesús es la piedra reprobada por vosotros los edificadores, la cual ha venido a ser cabeza del ángulo. Y en ningún otro hay salvación; porque no hay otro nombre bajo el cielo, dado a los hombres, en que podamos ser salvos". (Hechos 4:11-12)

La escritura anterior quiere decir que ni el nombre de ningún pastor o ministro de una iglesia; ni el nombre de san Pedro o san Juan; ni el nombre de José o María; ni el nombre de ninguna mamá, papá, abuela, tía; ni el nombre de ninguna virgen o santo; ni en el nombre de la persona más buena del mundo, puede hacer algo para salvar al hombre de las garras del diablo y del infierno. Según las sagradas escrituras, solamente el nombre de Jesús tiene el poder y la capacidad de salvar al hombre, y no solamente eso, sino también tiene la capacidad de darle vida eterna. Este gran poder detrás del nombre se debe a que Jesús es en esencia el mismo Dios resolviendo personalmente las grades y complicadas consecuencias de la gran tragedia del huerto del Edén.

El plan magistral del nacimiento del Mesías

Dios, a través de las sagradas escrituras, reveló con detalle la manera magistral en cómo Él vendría a nacer como humano para salvar a la humanidad. Una de las escrituras proféticas que describe la forma de cómo sería su advenimiento es la siguiente:

"Por tanto, el Señor mismo os dará señal: He aquí que la virgen concebirá y dará a luz un hijo, y llamará su nombre Emanuel". (Isaías 7:14)

¿Se ha preguntado por qué Dios escogió una concepción virginal para venir al mundo? Dios lo hizo así para eliminar por completo la posibilidad de que el diablo volviera a hacer el mismo engaño sexual que le hizo a Eva allá en el huerto del Edén; en ese sentido el nacimiento virginal de Jesús evitó por completo que una relación sexual nuevamente le diera al diablo la oportunidad de arruinarle a Dios su plan otra vez.

Ya de todos es conocido que una virgen llamada María fue la escogida por Dios para que naciera El Mesías. Etimológicamente el nombre de María significa: "escogida". Esta santa mujer, con toda humildad aceptó la gran responsabilidad de concebir virginalmente y dar a luz a quien vendría a salvar al mundo del infierno y del dominio del diablo. Es importante destacar y reconocer el hecho de que María fue pieza clave y fundamental en el gran plan de salvación, ya que si ella hubiera dicho que no a la propuesta de Dios, la humanidad posiblemente hasta el día de hoy seguiría sin esperanza de vida, condenada al infierno y bajo el dominio total del diablo, pero gracias a la determinación, a la valentía, a la obediencia, a la pureza, a la santidad y a la virginidad de María, el mundo pudo ser salvo por medio de Jesús.

Prácticamente María vino a resolver el problema causado por Eva y lo resolvió haciendo totalmente lo contrario de Eva, en el sentido de que ella no permitió que una relación sexual nuevamente fuera el medio para que el diablo hiciera de las suyas y le arruinara el plan a Dios, porque no cabe duda de que si el diablo hubiera tenido sexualmente la más mínima oportunidad, hubiera nuevamente intentado arruinarlo todo, esta vez con María. Si esto hubiera pasado, la humanidad estaría hoy en día en una condición aun más complicada que la primera. Afortunadamente, gracias a la santidad y virginidad de María, el diablo no pudo hacer nada para engañarla y al no poder hacerlo, el plan de Dios para salvar a la humanidad pudo cumplirse a la perfección.

Capítulo 24
Un virus llamado esperma

No cabe duda de que el daño que el diablo causó a la humanidad al embarazar a Eva fue realmente de dimensiones catastróficas. Más que un esperma, el diablo introdujo en el mundo un mortal virus, el cual hasta el día de hoy contamina y destruye a la humanidad aun más allá de la muerte física.

Este virus llamado esperma es tan maligno y dañino, que hace que los seres humanos actúen con maldad en contra de sí mismos, en contra los demás e incluso en contra de Dios mismo. Es tan destructivo que incluso desfigura casi por completo la imagen de Dios en los seres humanos y hace que estos se parezcan más al diablo, y es este parecido lo que hace a los humanos reprobables y desagradables ante la presencia de Dios.

Lo grave y problemático de que los seres humanos sean más semejantes al diablo que a Dios, es que esta semejanza impide totalmente que los humanos puedan ir al cielo después de morir, porque si pudieran hacerlo aún teniendo esta semejanza con el diablo, sería como si Luzbel regresara al cielo y esto definitivamente sería un gran problema para Dios, por lo tanto es imposible que esto suceda, ya que ningún portador de la genética del diablo puede entrar al reino eterno de Dios sin antes ser limpiado o vacunado contra el virus del diablo.

La vacuna contra el virus del diablo

Dios, cuando creó al hombre, lo creó con la capacidad para que pudiera estar ante su presencia sin ningún problema, pero el diablo, al introducir su descendencia, le quitó al hombre todas esas facultades físicas y espirituales. Lo peor de todo fue que esta alteración genética nos hizo enemigos de Dios y para resolver esta difícil y complicada condición humana, Dios tuvo que intervenir personalmente y diseñó un plan de salvación que vendría a ser la vacuna contra el virus del diablo. Este plan de salvación vendría a ser el plan de vacunación masiva que pondría fin a la enemistad de Dios con los hombres y también terminaría con el dominio y la paternidad que el diablo tiene sobre todos los seres humanos.

Esta vacuna, por así decirlo, estaría disponible gratuitamente para todo aquel que quisiera salvarse de las consecuencias mortales e infernales que causa el virus del diablo. Y cuando digo "quisiera salvarse", me refiero a que no es una obligación recibir la salvación, sino que Dios lo dejó como una decisión personal y voluntaria para todo aquel que quisiera sanarse y salvarse. Así de caballero es el Señor.

¿Será que es necesario tener cerebro para pensarlo?

Es triste que, hasta el día de hoy, existan personas en el mundo que rechazan la vacuna de Dios, la cual es recibir a Jesús como Señor (Dios) y Salvador. Lo más lamentable de todo es que la mayoría de la gente ve esto de la salvación como algo tan difícil y complicado, como si fuera una operación de cerebro abierto, cuando en realidad es lo más sencillo y fácil del mundo, ya que ni siquiera existe riesgo alguno de pérdida debido a que no hay que pagar ni un centavo para obtenerla; es decir, la salvación es completamente gratis. En este sentido todo, absolutamente todo, es de ganar. Lo más maravilloso de esta vacuna contra el virus del diablo es que no solamente salva de la muerte, sino que también hace que las personas vivan eternamente y para siempre. Esto es un trillón de veces mejor que sacarse el premio mayor de la lotería. ¿Será que es necesario tener cerebro para pensarlo?

Lo que para el mundo es locura, para Dios es la vacuna

Dios sabe muy bien que desde que salimos del vientre de nuestra madre, venimos contaminados con la genética del diablo. Él sabe también que para sanarnos de esta maligna condición es necesario nacer de nuevo, esta vez no con el linaje del diablo, sino con el linaje de Dios.

Jesús, en una conversación muy privada, le reveló a Nicodemo uno de los misterios más hermosos que hace que un ser humano pase de ser un hijo del diablo a ser un hijo legítimo de Dios. Jesús le dijo a Nicodemo lo siguiente:

"Respondió Jesús y le dijo: De cierto, de cierto te digo, que el que no naciere de nuevo, no puede ver el reino de Dios. Nicodemo le dijo: ¿Cómo puede un hombre nacer siendo viejo? ¿Puede acaso entrar por segunda vez en el vientre de su madre, y nacer? Respondió Jesús: De cierto, de cierto te digo, que el que no naciere de agua y del Espíritu, no puede entrar en el reino de Dios. Lo que es nacido de la carne, carne es; y lo que es nacido del Espíritu, espíritu es. No te maravilles de que te dije: Os es necesario nacer de nuevo". (Juan 3:3-7)

Nicodemo, siendo un gran religioso y conocedor de las escrituras, no pudo entender lo que Jesús le estaba diciendo.

Ahora imagínese lo que responden los que no saben ni una coma de las Sagradas Escrituras cuando se les habla de cosas como el nuevo nacimiento o se les habla del bautismo. Lo primero que dicen cuando se les habla o predica de estas cosas, es que los cristianos están locos, que esto de la salvación de Jesús a través del bautismo del agua y del espíritu es lo más ridículo, irracional e insensato que han escuchado en su vida, e inmediatamente la rechazan. Esto que para Nicodemo era un dilema difícil de comprender y que para el mundo hasta hoy día sigue siendo una verdadera locura, para Dios es la vacuna que la humanidad necesita urgentemente para sanarse del alma, para salvarse del infierno y para liberarse de la paternidad del diablo. Lamentablemente no hay ni existe otra manera.

Sin temor a equivocarme, puedo con toda seguridad afirmar que Jesús es la vacuna contra el virus del diablo. Él prácticamente purificó la sangre de los humanos con su sangre, la cual derramó en la cruz del calvario para que, a través de ese sacrificio, el mundo fuera salvo. Ahora todo aquel que de todo corazón cree que Jesús es Dios, se arrepiente de sus pecados y se bautiza invocando su nombre, obtiene sin costo alguno la salvación y la vida eterna. Así de simple y de sencilla es la vacuna de Dios.

La propuesta de salvación que Jesús le dio a Nicodemo, no tiene absolutamente nada que ver con la ciencia, la lógica, la física o la razón; tampoco tiene nada que ver con el saber, el comprender o el entender; es un asunto de fe . Es decir, es cuestión de algo que no se puede ver ni medir, ni pesar, ni tocar; es por eso que a los sabios, guapos e inteligentes se les hace prácticamente imposible entrar al reino eterno de Dios, ya que para ellos creer que el bautismo es una forma real de nacer de nuevo es totalmente una locura; es decir, es algo que es totalmente absurdo, cuando la realidad es que el nuevo nacimiento, nos guste o no nos guste, estemos de acuerdo o no estemos de acuerdo, es una de las verdades absolutas de Dios y eso nadie puede ni podrá cambiarlo jamás.

El poder milagroso del agua

Es increíble lo que sucede cuando el agua cae sobre una semilla que ha estado muerta mucho tiempo; la semilla recobra vida, prácticamente vuelve a nacer y llega a convertirse en un árbol que da fruto y sombra. Ahora imagínese lo que el agua pude llegar a hacer en los humanos que han estado muertos por mucho tiempo en delitos y pecados; mínimo el agua llega a hacer el mismo efecto que hace en las semillas muertas. Por supuesto, para que el agua del bautismo tenga este poder transformador es necesario hacerlo con fe, creyendo de todo corazón que puede hacernos nacer de nuevo.

Cuando Jesús le replicó a Nicodemo que para entrar al reino de Dios era necesario nacer de nuevo de agua y del espíritu, lo que realmente le estaba diciendo era que para ser salvo del infierno, ser libre del linaje del diablo y obtener la vida eterna, es necesario bautizarse en agua, creyendo de todo corazón que ese bautismo en agua es en verdad un nuevo nacimiento que convierte a los seres humanos nuevamente en hijos legítimos de Dios.

Jesús sabía que era absolutamente necesario que el mundo creyera que Él había venido a salvarlos, y sabía también que el bautismo en agua era fundamental para propiciar el nuevo nacimiento, es por eso que encomendó a sus discípulos a bautizar a todo aquel que había creído en Él.

El mandamiento que Jesús les dio a sus discípulos es el siguiente:

> "Y les dijo: Id por todo el mundo y predicad el evangelio a toda criatura. El que creyere y <u>fuere bautizado</u>, será salvo; mas el que no creyere, será condenado". (Marcos 16:15-16)

Así de importante y vital es el misterio del bautismo en agua para el nuevo nacimiento. El bautismo en agua es un acto de fe necesario que le dice a Dios y al mundo que ha creído en Jesús y que lo ha recibido en su corazón como Señor y Salvador.

El alto precio de no creer

Jesús al decir: "Mas el que no creyere, será condenado", no lo dijo como una sentencia de juicio, sino como una advertencia, queriendo decir que el que no creyera en Él y no se bautizara, no cambiaría su condición de condena al infierno en nada, es decir, seguiría siendo igual; pero el que creyera en Él y se bautizara, su condición de condena y muerte cambiaria drásticamente hasta el grado de obtener inclusive vida eterna.

No es necesario ser un experto en matemáticas o un filósofo para calcular y analizar: ¿Cuánto una persona que cree en Jesús y se bautiza puede llegar a ganar? Y ¿Cuánto una persona que decide no creer en Jesús y no se bautiza, puede llegar a perder? La realidad es que la diferencia es tan abismal que hasta un ciego la podría ver sin ninguna dificultad, sin embargo, mucha gente está tan cegada y cerrada que no ve ni analiza que, si la locura del Evangelio al final no fuera verdad, no se pierde absolutamente nada. Por el otro lado, qué tal si la locura de creer en Jesús y el nuevo nacimiento a través del bautismo, al final resulta que sí era verdad; ¿cuánto puede llegar a perder un incrédulo al rechazar la salvación de Jesús?; y lo que es peor, ¿cuáles serían las terribles consecuencias que les esperarían a los que mueran sin creer en Jesús y su bautismo? Con una simple meditación se puede llegar fácilmente a la conclusión de que rechazar la salvación de Jesús no es una decisión para nada racional, sabia ni inteligente, dado el alto precio que puede llegar a pagarse por rechazarla. Con propiedad puede decirse y afirmarse que rechazar la salvación de Jesús podría llegar a ser la decisión más cara, costosa, fatal y catastrófica que un ser humano puede llegar a tomar en su vida.

Le ruego a Dios que los que aún siguen cegados, dormidos o hipnotizados por el diablo, algún día puedan despertar y abrir los ojos para que puedan ver con claridad la gran salvación que ofrece El Mesías, que no es para nada complicada y no cuesta ni un centavo; es más, es absolutamente gratis para todo aquel que quiera salvarse y vivir eternamente. Siempre he dicho y he sostenido que para llegar a ser un creyente o un cristiano, hay que ser extremadamente sabio e inteligente, pero sobre todo muy valiente debido a la burla, el rechazo y la discriminación que muchas veces hay que soportar por parte de familiares, parientes, amigos, vecinos, conocidos y desconocidos.

Capítulo 25
Y colorín colorado …
…*el esperma del diablo* ha terminado

Espero que el conocimiento y la información presentada en este libro le haya sido de mucha ayuda y provecho.

El propósito principal de todo lo expuesto en el presente libro fue en primer lugar poner al descubierto o a la luz de las personas la manera en que el diablo opera para destruir familias y matrimonios, y en segundo lugar poner a la mano del lector las armas o las herramientas cognoscitivas necesarias que le ayuden a identificar y a resistir los ataques destructivos que astutamente el diablo hace a los matrimonios. El tener pleno conocimiento de cómo generalmente ataca y el saber cómo responder para hacerle frente a esos ataques, son instrucciones verdaderamente útiles que permitirán a los cónyuges a estar más prevenidos y preparados para defenderse. El no tener este conocimiento definitivamente hace a los cónyuges más propensos a ser atacados y destruidos. El diablo sabe perfectamente que la ignorancia de las personas es el punto más débil y vulnerable, y es por esos huecos de conocimiento por donde generalmente hace sus fulminantes ataques. Ahora que usted ya conoce mejor al enemigo, espero en Dios que con efectividad pueda usted resistirlo.

El esperma del diablo fue escrito especialmente para los futuros matrimonios y para los matrimonios que están a punto de derrumbarse; si por casualidad el suyo es uno de ellos, espero de todo corazón que el conocimiento contenido en las páginas de este libro lo hayan ayudado a evitarlo y si así fue, valió la pena escribirlo y me doy por pagado.

Quiero confesarle que *El esperma del diablo* es parte de una campaña para evitar divorcios y para mejorar las relaciones sexuales y sociales de los matrimonios. Si usted quiere ayudar en esta campaña, la mejor forma de hacerlo es no permitiendo que este libro se quede en el anonimato o en el olvido. Si el libro le ha sido a usted útil y de provecho, le pido de favor que lo refiera o hable de él a sus amigos, a sus hermanos de la iglesia, a sus vecinos, a sus parientes y conocidos. Una forma efectiva de hacerlo es a través de sus redes sociales. Uno nunca sabe por los problemas que un matrimonio puede estar pasando y este libro sin lugar a dudas podría ayudarlos a superar muchos de esos problemas.

No me queda más que agradecerle por haberme dado parte de su valioso tiempo para leer este libro y por haberme dado también la oportunidad de compartir con usted este valioso y precioso conocimiento que estoy más que seguro que le va a cambiar de hoy en adelante la forma de ver, entender y vivir el matrimonio. Anhelo de todo corazón que este libro se convierta en un manual de instrucción y apoyo no solamente para su uso personal, sino que también le sirva como una guía didáctica para aconsejar y ayudar a otros matrimonios. No me cabe la menor duda de que si así lo hace, su corazón un día va a rebosar de gozo, alegría y satisfacción al saber que por haber dado a conocer este libro o por haberlo usado para consejería matrimonial, se evitaron uno o muchos divorcios. Créame que esa buena acción de parte suya no se quedará sin ser generosamente recompensada por Dios tanto en esta vida como en la otra. Que así sea y que Dios le bendiga.

www.ingramcontent.com/pod-product-compliance
Ingram Content Group UK Ltd.
Pitfield, Milton Keynes, MK11 3LW, UK
UKHW041950230426
12048UKWH00008B/252